AVENTURES
D'UN ARTISTE
DANS LE LIBAN
PAR
RICHARD CORTAMBERT

PARIS
LIBRAIRIE FRANÇAISE
E. MAILLET LIBRAIRE-ÉDITEUR
15 RUE TRONCHET, PRÈS LA MADELEINE 15

AVENTURES D'UN ARTISTE

DANS LE LIBAN

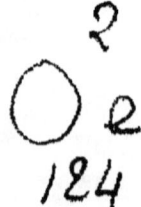

OUVRAGES DU MÊME AUTEUR:

PEUPLES ET VOYAGEURS

Un volume in-18

Sous presse

IMPRESSIONS D'UN JAPONAIS EN FRANCE

Un volume in-18 jésus

AVENTURES D'UN ARTISTE

DANS

LE LIBAN

ANECDOTES — MOEURS — PAYSAGES

PAR

RICHARD CORTAMBERT

PARIS
LIBRAIRIE FRANÇAISE
E. MAILLET, LIBRAIRE-ÉDITEUR
15, RUE TRONCHET, PRÈS LA MADELEINE

1864

AVENTURES D'UN ARTISTE

DANS LE LIBAN

I

PRÉFACE EN TRAVERSÉE

16 juin.

Buffon a dit : le style, c'est l'homme ; — si mon style est l'exact reflet de mon caractère, je crains bien, chers lecteurs, que vous n'ayez souvent à vous en plaindre ; en dépit des sentences philosophiques qui prétendent qu'on apprécie mieux autrui que soi-même, je crois assez bien me connaître, et, pour être franc, je ne suis pas en tous points satisfait de cette connaissance ; pourtant qu'on se rassure ; si j'ai des défauts, ils sont plus faits, en somme, pour mon malheur que pour celui des autres. — Deux mégères d'humeur différente me torturent, et je vais tout d'abord en prévenir mes nouveaux amis, pour qu'ils les étouffent sans pitié si jamais elles tentaient de s'introduire dans leur âme ; l'une a nom indolence, et l'autre ambition ; la seconde est en guerre ouverte avec la première, qui me sourit trop fréquemment et promène devant moi une troupe de houris délicieuses qui secouent mollement sur mon front des branches de pavots et de myrtes aux parfums enivrants ; elle m'invite à fermer les yeux et à laisser flotter mon imagination au gré des plus doux zéphyrs, lorsque tout à coup sa compagne rivale se présente, me réveille en sursaut, se débat dans mon pauvre esprit, et me crie à me fendre la tête, à l'imitation du don Carlos de Schiller : « Marche ! marche ! tu as vingt-quatre ans et tu n'as encore rien fait pour la gloire ! »

Or, au commencement du mois de juin de l'an de grâce 1860, mes pinceaux, ma palette, mes couleurs, mes toiles, se trouvaient depuis plusieurs mois dans un sombre coin de mon atelier, paisibles locataires, vétérans du travail, éprouvés par les luttes du passé et peut-être reconnaissants de la quiétude présente, lorsque l'une des mégères, — la terrible, — qui vient parfois à me flageller, s'offrit subitement et me dit à haute voix : « Prends ton bagage, regarde devant toi, l'Orient que tu as appelé dans tes rêves est ouvert à tes études, entre en lice, et Dieu t'aidera ! »

Docile à ces paroles, je fis mes préparatifs de départ, serrai la main de mes amis, dis adieu à mon pays et m'abandonnai au vaisseau sur lequel je vogue, plein de confiance en la Providence et en mon étoile.

II

MES COMPAGNONS DE VOYAGE

Notre bâtiment file gracieusement à travers les flots de la Méditerranée, qui battent en cadence sa coque élégante ; ses voiles se gonflent sous l'effort d'un bon vent d'ouest, et la cheminée lance au ciel une épaisse colonne de fumée, qui trace vaguement au loin ses banderoles noirâtres. — Nous avons hier embrassé d'un dernier regard les rivages de la Provence, et l'on nous promet qu'avant quinze jours nous pourrons saluer le Liban.

Adieu donc, chère terre natale, toi qu'on dénigre si injustement lorsqu'on jouit de tous tes bienfaits, et qu'on vénère si pieusement lorsqu'on foule un sol étranger !

Si j'avais quelque peu du talent analytique de Balzac, je voudrais entreprendre la description détaillée de notre équipage et faire le portrait de tous mes compagnons, depuis le capitaine jusqu'au dernier des petits mousses ; je voudrais d'abord vous donner une épreuve ressemblante de notre capitaine, grand Marseillais, sec, au visage hâlé, qui,

à chaque phrase, croit faire un trait d'esprit en décochant une grossièreté. Homme, du reste, admirable avec les dames, qui pourtant ne consentent guère à l'admirer qu'au plus fort de la tempête, alors qu'après Dieu on se confie au chef du navire.
— J'aurais aussi la tentation de vous peindre cette autre curieuse physionomie, figure insouciante, débonnaire, maligne tout à la fois, celle du pilote, vieux loup de mer, qui, en feuilletant le grand livre du monde depuis une soixantaine d'années, est devenu historien, homme politique sans le savoir, et surtout sans en aimer moins le bon rhum de la Jamaïque et le célèbre vin de Chypre.

Le chapitre des voyageurs ne serait pas moins intéressant; on y verrait au même rang, et, pour ainsi parler, moulés sur la même empreinte, quatre Anglais très-nuls et fort égoïstes, partis pour la Syrie à la recherche d'une émotion, et parcourant le monde, moins dans l'intention de l'étudier que de se distraire. — Qu'on se figure quatre têtes blondes passées au crible des taches de rousseur, et encadrées de majestueux favoris d'un roux des moins équivoques; qu'on place maintenant ces longues têtes flegmatiques sur quatre corps longs, raides, sans harmonie, enveloppés dans des vêtements de lasting fort amples, exhalant un insupportable parfum de caoutchouc, et qu'on s'imagine huit longues jambes portant le tout, on aura l'idée sommaire, mais suffisamment complète, de mes

compagnons les enfants d'Albion. En continuant
l'examen des hôtes du navire, on y surprendrait, du
côté de la proue, trois blonds et gros Allemands,
grands fumeurs, indifférents aux événements du
Liban, et délégués tout exprès en Orient par une
université saxonne, pour compléter la flore de
Hooker, demeurée équivoque sur le compte des dicranoïdées ; — un Américain, M. John Speck, personnage excentrique, d'une cinquantaine d'années,
gesticulant beaucoup, parlant trop, et pourtant ne
disant rien ; — marchant à grands pas sur le pont,
toujours la tête découverte en dépit de la pluie, du
soleil ou du vent, non certes par politesse, — cette
invention européenne est à ses yeux la sœur tra-
vestie de l'esclavage, et, à ce titre, il la hait ; —
deux mèches de cheveux se dressent sur ses tempes,
comme deux cornes menaçantes ; — ses sourcils
épais se relèvent sur le front, comme deux au-
dacieuses moustaches ; — dans la chaleur de la
discussion, les ailes de son nez se dilatent et rap-
pellent les naseaux du buffle ; ses lèvres se contractent, se plissent, se gonflent, se soulèvent al-
ternativement, et permettent aux regards de
pénétrer dans la cavité profonde d'une bouche où
trois ou quatre dents, se trouvant à l'aise par l'absence de leurs compagnes, ont poussé démesurément ; sa physionomie âpre, sa peau rugueuse et
striée de rides, ses traits fortement accentués,
taillés pour ainsi dire à coups de hache, ses yeux à

fleur de tête, qu'il roule sans cesse dans leur choroïde jaune, tout son être est, en réalité, plus empreint de violence que de dureté. Au moral, notre Américain est admirateur passionné de la liberté, prêt à démontrer la nécessité de ses principes le révolver à la main, et à prouver la force de ses arguments par des coups de poing. — Mais, au milieu de toutes ces figures disparates, de ces gens singuliers ou trivials, on en distinguerait deux qui s'offrent sous un aspect moins caractéristique, il est vrai, mais sous un jour plus avantageux; je veux parler de deux jeunes mariés, dont le bonheur réciproque se révèle dans chaque mot, dans chaque sourire, et perce dans *mille petits riens,* qui ont le bon goût de ne pas être assez accentués pour devenir l'objet des remarques et des interprétations du public; — pour moi, qui, dès le premier jour, suis entré à titre de compatriote dans l'intimité de ces deux aimables jeunes gens, j'en demeure ravi, et, pour tout avouer, parfois un peu jaloux, en songeant qu'il est de toute nécessité de garder en moi-même ces mille charmants *petits riens* qui paraissent si agréables à échanger.

M. Emmanuel Cahlben, mon nouvel ami, occupe depuis une dizaine d'années un poste éminent à Beyrouth; sa jeune femme est née à Paris, où elle a toujours vécu jusqu'au moment où le hasard, qui préside aux mariages, a voulu que M. Cahlben la rencontrât dans une soirée, et lui demandât, entre un quadrille et une valse, si le soleil d'Orient l'effrayait trop pour qu'elle répondît à ses souhaits les plus ardents. Le soleil de feu de l'Asie, — supporté à deux, — ne lui parut pas trop redoutable apparemment, car, trois semaines après, la jeune fille quittait sa famille en s'appuyant au bras de son époux, et le vaisseau qui l'emportait du côté de l'Asie n'entendit pas, je le constate, une seule plainte, un seul regret.

M. Cahlben est un de ces hommes qu'on connaît, pour ainsi dire, avant de les avoir vus, une de ces natures ouvertes et sympathiques qui se comprennent immédiatement, et qui, même en Angleterre, n'auraient pas besoin d'être présentées pour qu'on les agréât. Nous avons agité ensemble plus d'une question capitale et recomposé la carte d'Europe, sans penser à mal; le long séjour qu'il a fait en Orient le met à même de connaître à fond les caractères turc et arabe; je puis, grâce à lui, me former une idée juste des nationalités syriennes; ses jugements sont ceux d'un homme très-sagace, qui a vécu trop longtemps au milieu des Turcs pour ne pas avoir la clef de leur politique et apprécier le véritable mobile de leurs actions.

— Monsieur, m'a-t-il dit, les événements de Syrie, qui émeuvent en ce moment la chrétienté, ne me surprennent pas; — je les prévoyais. Depuis la mort du fameux émir Béchir, nous avons toujours été sous le coup d'une révolution, qui, préparée de longue main et retardée d'année en année, éclate en ce moment d'une manière si forminable dans le Liban.

— Et comment, répliquai-je, les hauts fonctionnaires turcs n'ont-ils pas songé à étouffer cet infernal esprit d'insurrection?

— C'est, reprit froidement M. Cahlben, parce qu'ils en sont les instigateurs.

— Serait-il vrai, m'écriai-je, que les hommes que nous avons tirés du précipice il y a cinq ans, tinssent envers nos protégés une conduite aussi odieuse?

— Sans aucun doute, répondit M. Cahlben, et les Druses, dans toute cette affaire, ne sont que des instruments ; les autorités turques les ont en secret irrités contre les Maronites, qui, désarmés, sont incapables de lutter ; à mes yeux, les faits sont précis, et la politique des Turcs s'explique par le fameux mot de Tibère : *Divide ut imperes;* la Porte Ottomane met un yatagan dans la main des Druses, afin d'arrêter, d'une part, les velléités d'indépendance des chrétiens sans se donner ouvertement le triste rôle de bourreau, et, de l'autre, dans l'intention bien certaine d'écraser les massacreurs eux-mêmes ; je gage que, si la chrétienté entreprend quelque croisade, les Turcs seront les premiers à châtier les Druses; cette politique à double tranchant n'est pas rare en Orient, et les hauts fonctionnaires qui tiennent au renom d'habilité s'en font une loi.

L'Europe a trop compté sur la bonne foi musulmane, qui n'est qu'une utopie ; du reste, les puissances occidentales reviennent de leur engoûment passager, et ne sont peut-être pas loin de flageller le pouvoir qu'elles soutenaient hier; la politique européenne est habituée à de pareils revirements; — on méprise et l'on foule aux pieds ce que la veille on adorait. Les événements de Syrie sont peut-être le prélude de la crise qui doit amener la solution de la grande question d'Orient; l'Europe ne verra pas d'un œil froid les convulsions qui bouleversent le Liban, et la France, la main droite de la chrétienté, châtiera les coupables.

— Pensez-vous, repris je, que les Anglais nous aident dans cette sainte expédition?

— Assurément, repartit judicieusement M. Cahlben, s'ils y trouvent leur intérêt.

III

LES PIRATES GRECS

24 juin.

Nous avons fait un court séjour à Malte, et notre paquebot a repris sa marche rapide vers l'Orient; — les vagues soulevées par un vent d'ouest fort impétueux, nous bercent plus rudement que dans la mer Tyrrhénienne; il faut croire qu'on s'attend à un violent orage, car tout l'équipage se tient sur le pont, prêt à la manœuvre; le tonnerre gronde, le vent fait gémir les mâts et battre les cordages; — le capitaine est à son poste et commande avec un sang-froid qui commence à lui valoir l'admiration des dames; — d'immenses lames balayent le pont et viennent se briser en montagne d'écume sur la dunette.

Malgré la pluie torrentielle et la fureur de la tempête, je me glisse jusqu'auprès du pilote, et, m'attachant à un mât, je contemple avec un ravissement mêlé d'effroi les eaux qui se déchaînent contre nous, se brisent, se tordent, comme travaillées par le feu.

Peu à peu, le sublime orchestre de la nature ralentit ses terribles accords; une éclaircie se fait au milieu des nuages, et l'arc aux sept couleurs dessine son orbe brillant sur un fond azuré.

En ce moment, je distinguai à l'horizon une ligne noire, et demandai au pilote quelle était la terre dont nous étions si peu éloignés; — C'est l'île de Candie, une terre de souvenirs! dit-il, en clignant de l'œil. Quant à moi, je ne passe jamais dans ces parages sans me rappeler une de mes vieilles histoires!

— Tenez, continua-t-il en se penchant sur la rampe du navire. Tenez, apercevez-vous à un mille d'ici cette petite barque qui file hardiment, quoique affreusement ballottée par les lames, et, plus loin, ce bâtiment marchand en panne à quelques brassées du rivage? Par sainte Barbe, me voilà revenu à trente ans en arrière.

C'était bien ainsi que les corsaires grecs carguaient leurs voiles et nous lançaient leurs ambassadeurs; si je n'étais en 1860, je croirais, par ma foi, qu'il nous faut au plus vite charger nos mousquets et nous préparer à jouer du couteau!

Le vieux marin, qui ne commençait jamais un récit sans aspirer quelques bouffées de tabac, sortit d'une de ses poches une grosse pipe dont la cheminée était entourée d'une épaisse auréole noire, et, tout en la bourrant de caporal, il continua avec une légère pointe de prétention philosophique :

— La piraterie, voyez-vous, moi je prétends que c'est une affaire d'instinct : les Anglais naissent tous pour le trafic et pour la boxe ; — les Français, tous petits, encore au berceau, aiment le bruit de la poudre et le sourire des dames; les bambins italiens mordent leur nourrice ou conspirent contre leurs parents, et les Grecs deviennent malgré eux oiseaux de proie ; on est né sous une étoile, voilà tout ! Mais, par notre grande patronne, exclama-t-il, en jetant encore un regard sur le navire et sur la chaloupe, on dirait que le diable se met de la partie ; c'était bien, en 1830, une méchante barque noire et rouge comme cette coquille de noix, qui se détacha d'un bâtiment forban dont la mâture jaunâtre ressemblait, à s'y méprendre, à celle-là ; je crois y être encore ! Nous passons, comme maintenant, à trois ou quatre milles de l'île, et cinglons franchement vers l'Orient ; tout à coup une chaloupe montée par dix gaillards vigoureux gouverne droit sur nous, et en moins de cinq minutes danse dans nos eaux ; les rusés coquins étaient armés de tromblons et portaient à leurs ceintures tout un arsenal de mort ; leurs vêtements n'étaient certes pas tirés de la garde-robe du roi d'Espagne, mais leur figure avait encore moins bon air ; « Palsambleu ! dit notre capitaine, voilà des sacripants qui nous inspectent ! Je connais ces bandits grecs, avant deux minutes ils vont nous demander des vivres ! »

En effet, se trouvant à la portée de la voix, l'un d'eux s'écrie en mauvaise langue franque :

— Beni Francesis, vous falt dare panem par amicos, falt dare toto suito.

Nous répondons que, si l'on insistait, nos mousquets ne manqueraient pas de leur envoyer des balles sans exiger de payement.

Devant cette gracieuse proposition, les larrons croient prudent de s'éloigner et gagnent rapidement le large. La lunette que nous braquons alors sur le bâtiment des corsaires nous montre quarante hommes armés; nous ne sommes que vingt-deux à notre bord.

— Par tous les saints du Paradis, mes enfants, nous dit notre capitaine, il ne s'agit pas de parlementer avec son courage; chargeons nos canons, préparons nos épées, et arrive ce que Dieu voudra! Palsambleu! il ferait beau voir des Français battre en retraite devant une troupe en haillons; aux sabords, enfants, gare à l'abordage !

Pendant que nous faisons nos préparatifs de combat, le forban fait aussi les siens et s'avance sur nous, toutes voiles déployées. Les corsaires ne sont plus qu'à quelques centaines de mètres, et déjà nous pouvons juger, non sans une certaine émotion, de l'aspect étrange, de la physionomie patibulaire de nos ennemis; on a beau n'être pas poltron, il y a, dans cette affreuse minute qui s'écoule avant la décharge du premier mousquet, une angoisse indéfinissable, une attente horrible, plus effrayante que la lutte même, où le bruit du combat, l'odeur de la poudre étourdissent et enivrent ; — trois ou quatre coups de feu retentissent, nous répliquons par une fusillade bien nourrie ; un de nos canons habilement pointé sur le vaisseau des pirates fait retentir sa grosse voix, et, lorsque la fumée se dissipe, nous apercevons, à notre grande surprise, le mât de misaine du bâtiment corsaire, qui, semblable au sapin abattu par le bûcheron, se balance un moment, puis penche la tête et finit par tomber lourdement, en écrasant sous sa masse pesante plusieurs des pirates ; un long rugissement suit ce désastre, nous y répondons par des cris de triomphe.

— Bien touché, mes enfants, s'écrie notre capitaine, bien touché ; gare à la réplique ! attention à l'arrière ! feu babord !

Nous recommençons bravement l'attaque, les pirates nous accueillent bientôt par une véritable avalanche de balles, qui nous mettent dans un effroyable état ; notre pauvre capitaine tombe mortellement blessé, et nos plus solides soutiens gisent sans vie sur le plancher ; cependant, en dépit des projectiles ennemis, nous chargeons nos canons, jusqu'à la gueule, de clous, de chaînes, d'épées brisées, de marteaux, de coins, même de poignards, et nous envoyons aux pirates cette effroyable mitraille, qui laboure leur pont et étrille tout leur monde de la plus affreuse façon. Ce fut un spectacle atroce; on voyait épars, çà et là, des bras et des jambes, des lambeaux sans nom, des chairs pantelantes, des cadavres hideux, lacérés, déchirés de la tête aux pieds; quelques misérables blessés, se traînaient en poussant des cris déchirants, et ceux qui avaient échappé au carnage pour fuir notre vengeance, se précipitaient dans la mer comme des grenouilles, espérant gagner la rive.

La victoire nous demeurait, nous en fîmes bon usage; nous portâmes à notre bord, avec les plus grandes précautions, les pirates blessés qu'un quart d'heure auparavant nous avions mis en pièces, et qui, pris sur terre en bonne santé, auraient été inévitablement pendus; n'importe, nous les soignâmes et les renvoyâmes guéris, en leur souhaitant meilleure vie et surtout d'éviter la potence.

Ici s'arrêta le pilote, que je remerciai de son récit, en formant le vœu d'en entendre d'autres.

— Et maintenant, repris-je, vous n'avez plus, dans ces parages, à craindre les brigands grecs!

— Assurément, répliqua le pilote, et nous le devons au roi Othon.

— Comment cela?

— Parce que, depuis qu'il règne, on n'en trouve plus qu'à Athènes.

IV

LA RADE DE BEYROUTH

30 juin.

Il est cinq heures du matin, le capitaine a braqué sa longue vue du côté de l'orient, et nous a annoncé l'apparition prochaine du Liban; la mer, calme comme un beau lac, est ridée de temps à autre par une légère brise, dessinant mollement, à sa surface, des arêtes qui, sous le rayonnement du soleil, étincellent et brillent de mille feux; le ciel, teint d'un bleu chaud au zénith, se colore de nuances rougeâtres à l'horizon, et se confond avec les eaux perdues dans des effluves incandescentes; l'on voit apparaître, au milieu des vapeurs du matin, comme des points blancs, des embarcations qui semblent, à leurs marches diverses, se promener avec amour sur cette mer splendide.

La gaze de brouillards qui couvrait les rivages d'Asie d'un voile à demi-transparent, s'est dissipée; pour tous, le Liban est visible; le bruit s'en répand dans le paquebot, et les passagers s'empressent de sortir du salon et des cabines, pour contempler le panorama qui se déroule devant nous ; les quatre Anglais, armés de longues vues ou de simples lorgnettes, se rendent à pas égaux à la proue du navire, et l'un d'eux s'aventure sur le mât de beaupré, où il se place résolûment à cheval ; les trois Allemands bourrent leur pipe de porcelaine, et regardent ensuite insoucieusement tantôt la mer, tantôt la bande noirâtre du Liban, qui s'élargit et s'étend de plus en plus ; John Speck a pris notre pilote à partie, et pérore éloquemment sur les événements du Liban et de l'Italie ; il demande la mort de toutes les autorités musulmanes et l'exil des gouvernants italiens, sauf toutefois de Garibaldi et d'un roi qu'il appelle le potentat républicain ; — le pilote, qui est bon catholique, l'a profondément courroucé, en comparant certains fauteurs de troubles de la terre des papes aux ennemis des Maronites ; je ne sais pas comment cette affaire grave se terminera, mais John Speck ne me paraît pas homme à retrancher un iota à ce qu'il dit, ni à transiger sur le chapitre de la liberté.

M. et Mme Cahlben se tiennent à l'écart dans une sorte de muet recueillement, les yeux avidement tournés du côté de Beyrouth, vers cette ville étrangère qui doit abriter leurs jeunes années. — M. Cahlben rompt parfois le silence, désigne à sa compagne les minarets des mosquées, et lui montre les villages disséminés sur la montagne ; Mme Emmelina éprouve une de ces impressions qui ne sont ni la tristesse, ni la satisfaction, et qui tiennent pourtant de l'un et de l'autre de ces sentiments ; on peut lire sur sa physionomie ce qui se passe dans son âme ; — devant cette ville lointaine, elle se reporte involontairement aux douces et paisibles jouissances de sa jeunesse, elle rêve avec un bonheur amer au passé, et ne peut démêler sans quelque appréhension ce que l'avenir lui réserve peut-être au milieu des populations inhospitalières de la Syrie ; cependant elle combat ces pensées alarmantes, songe à la place qu'elle occupera, grâce à la haute position de son mari, et, sa force morale l'aidant, elle recouvre toute la sérénité de son visage et la fermeté première de ses résolutions ; — il entre presque toujours dans le sacrifice, quel qu'il soit, une certaine dose d'amour-propre, et les femmes consentent souvent à briser leur bonheur, si elles supposent que le monde appréciera toute l'étendue du sacrifice qu'elles font.

Nous entrons dans la rade de Beyrouth, la seule ville maritime importante de la Syrie, qui ressemble, suivant les poëtes arabes, à une sultane accoudée sur un coussin vert et regardant les flots, plongée dans sa rêveuse indolence ; à peu de distance, se dresse le Liban, qui, d'après une image orientale, porte l'hiver sur sa tête, le printemps sur ses épaules et l'automne sur son sein, pendant que l'été dort à ses pieds; la cime est, en effet, couverte de neige, tandis que les productions les plus variées croissent sur ses rampes; pour jouir de toute la magnificence du tableau, il faut le voir baigné de cette lumière de pourpre des pays chauds; alors les arêtes de la montagne se découpent sur le ciel en lignes irrégulières avec une parfaite netteté; on dirait, tant les objets apparaissent lumineux et précis, qu'on va les toucher du doigt et en apprécier les contours, comme ceux d'une statue voisine; partout les ombres se dessinent en traits accusés, et le soleil, variable dans ses effets, dore le sommet des montagnes, rougit les pentes escarpées, glisse à travers les anfractuosités et vient inonder d'un pinceau magique toute une vallée.

En extase devant un pareil spectacle, le cœur de l'artiste ne peut retenir ses battements; pour moi, accoudé sur la rampe du navire, j'admirais avec ravissement cette merveilleuse nature et laissais mon imagination me porter dans les temps où cette terre n'était pas le champ des massacres des chrétiens, mais le berceau du genre humain et la patrie du Christ !

V

BEYROUTH. — LE PREMIER DRUSE

2 juillet.

En descendant du paquebot, M. Cahlben s'approcha de moi et m'offrit une gracieuse hospitalité dans sa maison.

— Monsieur, ajouta-t-il, en parcourant des yeux la foule des musulmans qui se pressaient sur les quais, ces visages impassibles me paraissent lever la tête plus haut que d'habitude ; les massacres du Liban ne doivent pas encore toucher à leur fin; nous aurons peut-être à nous défendre, et je compte sur vous.

— Vous pouvez, répliquai-je, en montrant la poignée de mon révolver, me ranger parmi vos soldats, mais j'espère toutefois me contenter auprès de vous du titre d'ami.

Si, de loin, la ville de Beyrouth se présente avec quelque majesté, de près elle en manque complétement ; pourtant, comme tout ce qui est oriental me paraissait nouveau, j'ai envisagé avec une inexprimable curiosité les maisons les plus délabrées, les échoppes les plus misérables, les ruelles les plus infectes, les bazars les plus vulgaires, où il me semblait que je trouvais, dans son essence la plus pure, la plus native, le cachet oriental. Qu'il y a de caractère dans ces physionomies, mélange d'apathie et de somnolence intellectuelle, de ruse et de méfiance ! — Qu'il y a d'expression dans ces yeux noirs, langoureux ou terribles; d'impudence dans ces démarches graves, presque solennelles ; de fierté même dans ces costumes en lambeaux ! Qu'il y a de grandeur dans cette décadence, de majesté sombre dans cette ruine !

En temps ordinaire, les habitants de Beyrouth sont un résumé de la population complète de la Syrie : Turcs, Druses, Maronites, Juifs, Métualis, Arabes, Arméniens, Grecs, sans parler des Européens de l'Occident, s'y livrent à leurs diverses industries ; on y voit se croiser les marchands de Damas et d'Alep, les pèlerins de La Mecque et de Jérusalem ! Les rues sont bordées de petites boutiques où les Juifs et les musulmans se tiennent immobiles au milieu de leurs marchandises; ici, comme dans le tableau de Decamps, un Turc fume son chibouk, insoucieux des chalands et paisiblement assis entre des remparts de ballots et de jarres. A côté de lui, une discussion s'élève entre quelques marchands, et leur contestation est incapable de troubler la superbe tranquillité du vieux Turc absorbé dans son kief ; là, marchent lentement des hamels courbés sous leur fardeau, des femmes voilées qui, d'un pas lent, s'enfoncent sous les voûtes sombres des maisons, et des chameaux chargés d'étoffes, conduits par des Arabes au visage mâle et à la peau brûlée ; — plus loin, j'entends la musique déchirante des fifres et les tambours des troupes, les chants aigus, bizarres, solennels des muezzins, qui appellent cinq fois par jour les musulmans à la prière.

Les événements du Liban ont donné aux Turcs un air d'arrogance et de forfanterie qu'ils osaient rarement prendre en présence des Européens ; on a remarqué que, depuis les massacres, les soldats musulmans, qui paraissent plus faits, en somme, pour les délices du chibouk que pour le maniement des armes, fument moins et portent leurs longs fusils avec un véritable orgueil ; — il y a sur toutes les figures une joie mal dissimulée, mais qui doit sûrement éclater sans réserve alors que nous ne sommes plus là, nous, les représentants de ce puissant Occident dont on craint la suprématie, mais aussi le mécontentement.

Il y a peu de jours, il s'est passé à Beyrouth un fait qui pouvait avoir les conséquences les plus graves. Un musulman est trouvé assassiné sur la voie publique : grand émoi aussitôt dans la ville. Les musulmans s'agitent et accusent les chrétiens.

Dans l'après-midi, un nom est prononcé, c'est celui d'un des Maronites fugitifs de la montagne : on l'arrête ; le peuple musulman, en armes, parcourt les rues et les places, vociférant des menaces contre les chrétiens ; en un instant, ceux-ci ont fermé leurs boutiques et s'enfuient hors de la ville dans les maisons européennes ou sur les bâtiments de la rade. La panique est extrême, et l'on s'attend à un massacre général ; pour comble d'effroi, l'on apprend que, le jour même, un vaisseau turc arrive de Constantinople avec un renfort considérable de troupes ; — le désordre se propage dans la ville, l'effervescence est sur le point d'éclater dans toute sa rage, et les autorités ne font plus rien pour l'étouffer. Le malheureux chrétien soupçonné de l'assassinat est condamné sans être entendu, et, dans la soirée même, livré à la soldatesque du sérail, qui le fait périr à coups de sabre, sur la place publique, au milieu d'une foule effrénée de musulmans. Le peuple se rue sur son cadavre ; le met en lambeaux, et manifeste sa joie tout le reste de la nuit par les plus sauvages démonstrations. Heureusement, ce ne fut qu'une émeute. Aujourd'hui, la population semble plus calme, mais les chrétiens n'en sont pas moins la plupart dans la plus profonde consternation ; les nouvelles de la Syrie sont de jour en jour plus désastreuses ; il n'est pas une plume au monde capable de donner une idée des scènes de carnage et d'incendie dont le Liban a été témoin. Pendant huit jours, à Beyrouth, on a pu voir le Liban illuminé la nuit par l'incendie des villages chrétiens. Toute la partie de la population maronite qui a pu échapper à l'extermination remplit aujourd'hui les abords des maisons consulaires ; je n'ai jamais vu de coup d'œil plus navrant que ces débris de malheureuses populations chrétiennes, mendiant aux portes des demeures européennes et y étalant leurs misères ! Les Maronites sont tombés sous la main sanguinaire de leurs ennemis, comme des troupeaux sans défense ; cette hideuse boucherie est remplie de détails atroces que j'ai peine à transcrire : des vieillards ont eu les yeux crevés et ont été poussés dans les flammes, des femmes ont été écorchées vives, et des enfants, plongés dans la résine, ont servi de luminaire aux saturnales sanglantes des massacreurs ; tout est pillé, tout est réduit en cendres dans les campagnes.

3 juillet.

J'ai vu, ce matin même, passer dans la rue voisine un homme vêtu d'une tunique grossière, sans manches, faite en poil de chameau ; sa tête fière était coiffée d'un turban renflé au milieu ; ses pieds se dissimulaient avec une certaine élégance dans des souliers de cuir rouge ; à sa ceinture à franges étaient retenus des pistolets et un poignard au pommeau ciselé ; sur son épaule pendait un fusil orné de glands. Sa démarche était hardie et me rappelait celle du chef de Seibecks, ce matamore turc si bien interprété par Decamps. Cet homme au maintien superbe, au regard farouche, c'était un chef druse ; la foule des sectateurs de l'Islam lui faisait place en signe de respect pour sa qualité de héros, ou de tueur de *Giaours*, ce qui ne fait qu'un en Syrie.

Les Turcs et les Druses, qui, tout en n'ayant pas les mêmes croyances religieuses, partagent les mêmes sentiments haineux à l'égard des chrétiens, se promènent fraternellement sur les quais de Beyrouth, et s'encouragent à l'extermination des *Giaours*. J'ai suivi un rusé fonctionnaire turc qui prêchait un Druse et relevait son courage ébranlé par la vue de quelques bâtiments occidentaux (1).

— Aurais-tu peur, lui disait le personnage ottoman, de ces épouvantails tout au plus faits pour des oiseaux ?

A cela, le Druse ne répondit pas.

— Ne sais-tu pas, reprit le Turc, que, pour tirer le plus petit de ces canons, il importe que cinq personnes s'entendent, et les Francs ne sont jamais d'accord.

---

(1) Il y avait alors à Beyrouth plusieurs bâtiments français et anglais, et un navire grec.

Cette parole turque n'est qu'une navrante vérité ; les Européens centupleraient leur force, s'ils s'entendaient mieux.

A chaque instant, nous avons des nouvelles de la montagne ; que de crimes ! que de tortures inouïes ! Il faut que la folie de la haine ait armé le bras des farouches sicaires d'Hakem, car l'esprit se refuse à croire que de pareils actes puissent être commis sans démence ! Non, la politique perfide a pu donner l'élan, mais le fanatisme aveugle a fait le reste. Quel que soit le crime de plusieurs hauts fonctionnaires, je ne puis croire qu'ils aient autorisé ces tueries hideuses, cette recherche infâme dans le meurtre, et ces mille inventions de supplices qui ont signalé les massacres.

VI

UNE SOIRÉE CHEZ UN CONSUL ALLEMAND. — LE PAUVRE NAGIF

5 juillet.

Je fus, hier soir, entraîné dans une réunion consulaire, où la grande question du Liban devait être naturellement l'objet de la conversation générale. La demeure du consul était à moitié envahie par des Maronites qui trouvaient un abri contre la fureur de leurs ennemis sous le drapeau tutélaire d'une puissante nation ; le malheur avait marqué son empreinte sur tous les fronts et semblait avoir fait prendre à la maison tout entière un vêtement de deuil ; — les appartements du rez-de-chaussée étaient occupés par les blessés, que des religieuses soignaient avec cette constance inébranlable, avec ce génie de la charité, qui sont une des preuves les plus frappantes de l'ineffable beauté de la religion catholique : que de tristesse, et pourtant, quelle résignation, je lisais sur toutes ces nobles figures de chrétiens, frappés dans leurs affections, dans leur attachement à leur patrie, dans tout ce qu'ils pouvaient aimer dans la vie !

J'ai dit que tout paraissait revêtu d'un manteau de deuil dans la maison consulaire ; il n'y avait guère que la belle salle des réceptions officielles qui, par exception, eût conservé son aspect habituel d'apparat : elle contrastait singulièrement par son luxe et par son air de fête avec les autres appartements.

Malgré mon anxiété et mes tristes réflexions, — par une étrangeté des sensations du cœur humain, il devait m'être donné de comprendre dans cette soirée le charme voluptueux et pénétrant de la nature orientale. Explique qui pourra les anomalies sans nombre de l'âme ! L'effroi même que causaient en moi les sanglants récits de carnage, les détails de férocité des Druses, ajoutaient encore leur sinistre attrait à mes impressions ; je ressentais je ne sais quel charme à me trouver sur une fournaise prête à éclater ; cette terrible situation exaltait singulièrement mon imagination d'artiste ; le danger exerçait sur moi une fascination inexprimable !

Les poëtes ont souvent chanté les nuits d'Orient, bien faites, il est vrai, pour créer des rêveries et porter aux méditations ; — le soir, l'Orient n'est plus cette terre de feu qui brûle et calcine tout ce qu'elle touche. Une délicieuse fraîcheur se répand dans l'atmosphère, et les plus douces brises viennent onduler autour du visage ; les fleurs ouvrent leurs corolles pour embaumer l'air, et le bourdonnement des insectes forme une mélodie qui s'élève jusqu'au ciel.

Je fus conduit par M. Cahlben sur une terrasse entourée d'une ceinture de cactus écarlates et de lauriers odoriférants ; des jasmins et des lilas en fleurs lançaient au vent leurs délicieux parfums, nous enivraient de leurs senteurs balsamiques, et semblaient vouloir détacher notre esprit des drames déchirants du Liban.

A tout autre moment, combien j'aurais aimé à laisser voyager mon âme dans de douces rêveries ! — Combien il m'aurait plu de donner libre carrière à mon imagination, et de la laisser voguer sur l'immense océan des méditations ! Combien j'aurais trouvé de charme à contempler l'éther si pur et si splendidement étoilé, à promener mes regards sur la mer où miroitaient les rayons de la lune, dont le croissant étroit se découpait comme un glaive de feu sur le ciel, à m'enivrer de cet air parfumé attiédi par les zéphyrs de la mer, et à oublier la triste réalité pour m'abandonner aux plus douces fictions !

Une dizaine de Turcs, pour la plupart fonctionnaires, se trouvaient parmi les convives, et évitaient de disserter sur les événements ; ils constataient les faits, les déploraient en apparence, mais se gardaient bien d'en rechercher l'origine.

Je fus fort surpris de rencontrer John Speck et mes quatre Anglais qui s'étaient introduits, je ne sais comment, dans le sanctuaire consulaire.

— Monsieur, me dit l'un de ces derniers, avec un sang-froid imperturbable, — événements du Liban très-curieux, en vérité, très-curieux !

— Vous voulez dire, repris-je, *effrayants, épouvantables !*

— Oh, no ! no ! Les Anglais avoir coutume de s'effrayer jamais, s'épouvanter jamais, répondit-il en français équivoque, mais avec un flegme britannique incomparable.

Un peu plus loin, je vis John Speck au centre d'un groupe, pérorant à la manière yankee, et, par suite, sa discussion commençait à ressembler beaucoup à une dispute.

— Monsieur le Turc, disait-il à un fonctionnaire musulman, votre monarchie est une vieille mégère qui se pousse elle-même dans la tombe !

— Monsieur l'Américain, reprenait fort tranquillement le Turc, notre gouvernement est sage : — il est moins audacieux que le vôtre, mais infiniment plus prudent.

— Monsieur le Turc, s'écria alors John Speck fort exalté, aux États-Unis les choses ne se passeraient pas ainsi ; j'en prends à témoin mon révolver ! Si l'on vous tuait à nos portes, nous irions vous défendre, et pourtant les musulmans ne valent pas les chrétiens !

Craignant les suites d'une conversation qui était sur le point de s'envenimer, M. Cahlben eut le bon esprit de passer son bras sous celui du trop fougueux John Speck, qui, tout en gesticulant de la plus singulière façon, alla prendre l'air sur la terrasse.

Cinq ou six cercles se formèrent autour de plusieurs dames, qui s'entretenaient avec un intérêt anxieux des dernières nouvelles. Que d'émouvants épisodes, que de drames déchirants circulèrent alors !

Le groupe où se trouvait Lady R***, jeune femme d'une trentaine d'années, dont le caractère est tout français, quoique son origine soit britannique, devint alors le centre de la conservation la plus animée.

Cette noble et gracieuse dame de Beyrouth mériterait qu'on lui consacrât un chapitre spécial : Lady R***, qui aurait assez d'esprit pour se passer d'être belle, et qui est pourtant aussi jolie que spirituelle, est installée à Beyrouth depuis une douzaine d'années ; sa vie n'a pas été exempte de deuil, et les vêtements noirs qu'elle porte encore sont le souvenir d'une grande douleur.

Quoique fille de la blonde Albion, ses cheveux sont d'un brun foncé et ses yeux noirs pétillent d'esprit ; sa voix, cet écho de l'âme, est limpide et sonore. Il y a deux femmes en elle, la femme du monde légèrement railleuse, maligne sans afféterie, et la femme de cœur sympathisant avec l'infortune, abdiquant totalement les mœurs de grande dame pour devenir l'égale de la plus humble des sœurs de charité, se dévouant tout entière aux soins des malheureux, et devenant aussi grande, aussi généreuse au chevet d'un malade que séduisante et spirituelle dans son salon !

Lady R*** nous causa une profonde impression en racontant les terribles aventures d'un pauvre chef de communauté protestante ; son histoire est une odyssée accomplie en quelques heures !

— Nagif, nous dit Lady R***, habitait Hasbeya, qui vient d'être attaquée par une troupe de Druses plus acharnés qu'une nuée de vautours ; le jeune chef de la communauté voulut d'abord défendre les siens, mais bientôt, comprenant la lutte impossible, il pensa à lui et fit des efforts désespérés pour gagner la campagne ; ce fut en ce moment qu'en cherchant à s'enfuir, il n'entrevit devant lui qu'un horizon de bourreaux, et s'élança au hasard dans une allée étroite qui le conduisit, par une sorte de fatalité, dans une chambre basse où étaient entassés une foule de chrétiens que les assassins destinaient à la torture; une pensée soudaine, une sorte d'inspiration lui vient à l'esprit : il se débarrasse promptement de ses vêtements, se souille de sang et s'étend sur le sol comme un homme mort. Le stratagème réussit : les Druses arrivent, égorgent, torturent, coupent en morceaux les chrétiens, et, satisfaits ou plutôt fatigués de leur effroyable œuvre de destruction, se retirent pour jouir de leur infâme triomphe.

Nagif, qui avait été presque entièrement recouvert de cadavres et par conséquent protégé par une muraille de chairs encore palpitantes, se lève, prend des vêtements ensanglantés et se dispose à sortir : mais la porte se trouve fermée, et la chambre n'a pas d'autre issue : loin de se laisser abattre, Nagif sent de plus en plus son âme pénétrée de ce courage implacable qui ne recule devant rien : il déchire de ses ongles le mortier d'une muraille, il commence par des grains de sable, finit par enlever des pierres, et parvient à faire un trou qui lui permet de passer dans la chambre voisine ; il croit un moment à la délivrance, mais son espoir est bientôt déçu : la salle est partout fermée ; cependant sa persévérance ne l'abandonne pas : il remarque un four, il s'y glisse, et, à travers les interstices des pierres disjointes, il distingue la verdure d'un jardin : il n'hésite pas, il a déjà percé une muraille, il en percera une autre ; quelques heures après il descend dans le jardin, se blottit sous une touffe de sycomores, et prête une oreille attentive aux mille bruits qui circulent dans l'air : le vent porte jusqu'à lui les cris de détresse et le râle d'agonie des mourants, il entend le crépitement des étincelles de l'incendie qu'allument les assassins, et les clameurs farouches des Druses chantant la gloire d'Hakem. Comme les bruits sont éloignés, Nagif se hasarde à sortir de sa retraite, et se dirige de rue en rue, à la lueur de l'incendie, du côté de la montagne, mais il se trouve tout-à-coup devant deux maisons en flammes, et derrière lui une troupe de Druses lui barre le passage. Que faire? Doit-il se jeter aux pieds des bourreaux, chercher à les fléchir ou s'élancer dans le foyer de mort qui se dresse comme un immense bûcher? Il hésite quelques secondes, prend sa résolution, et se précipite dans les flammes, en s'écriant : « Mieux vaut tomber entre les mains de Dieu qu'entre les mains des hommes! » L'incendie n'avait encore consumé qu'une partie des maisons : le courageux Maronite franchit en un seul bond les flammes et peut ensuite s'enfuir dans la campagne. Aujourd'hui, termina Lady R*** Nagif est vivant, mais il se trouve à Damas, et il est fort à craindre que le yatagan des Druses ne se lève encore sur lui.

Les aventures du chef de la communauté d'Hasbeya nous conduisirent à d'autres récits, et bientôt, des évènements particuliers, nous nous élevâmes à de graves considérations. Mon ami Cahlben, qui est extrêmement versé dans tous les secrets de la politique ottomane et qui connaît, pour son malheur, les Druses depuis une quinzaine d'années, fut prié par Lady R*** d'être le Saint-Simon de l'assemblée, c'est-à-dire de nous dévoiler les mystères de la politique orientale.

— Madame, dit-il à Lady R***, tout en regardant les fonctionnaires turcs, Saint-Simon n'osa pas publier ses mémoires sous Louis XIV, qui était pourtant un roi très-chrétien.

— Ceci veut dire, repartit Lady R***, que vous redoutez de blesser certaines oreilles.

— Précisément, je crains......

Cet effroi qu'aux méchants donne la vérité.

— Eh bien! monsieur, je vais sans plus tarder faire retentir aux oreilles musulmanes l'heure de la retraite.

— Prenez garde, madame, répondit très-sérieusement M. Cahlben, en lui montrant une bague passée à l'un de ses doigts; voici les Turcs et les Druses : le doigt et l'anneau.

Lady R*** se leva, partit, et reparut quelques minutes après, suivie d'un serviteur qui portait, sur un plateau, un bol de punch dont la flamme bleuâtre, agitée par le vent, apparut immédiatement à tous les yeux.

Les Turcs, jusqu'alors dispersés dans toutes les parties de la salle, se réunirent peu à peu dans un coin et s'y retranchèrent pour s'y interroger : ils parurent se demander s'ils pouvaient assister à de pareilles libations sans enfreindre la loi de Mahomet, tout-à-fait exclusive sur le compte de l'alcool, et crurent en définitive qu'ils devaient protester par leur départ contre les coutumes scandaleuses des Giaours, et témoigner hautement de tout leur mépris en abandonnant la place; seulement, dois-je être l'écho d'un malin esprit qui nous a assuré avoir entendu ce court dialogue, prononcé à voix très-basse entre trois fonctionnaires turcs :

— Ce punch de chrétiens, articula un des musulmans, doit être aussi empesté que leurs maudites personnes. Savez-vous ce qu'il faut faire?

— Aller fumer paisiblement le narguilé, tout en admirant les feux de joie qui se font dans la montagne, à l'adresse des chrétiens, répondit l'autre en souriant.

— Par Allah! reprit nonchalamment le second musulman, je n'aime pas à fatiguer mon esprit à deviner; parlez, j'accède à toutes vos propositions.

— Eh bien! ajouta l'un des musulmans en baissant la voix d'un air de mystère, venez donc dans ma maison, j'ai du vin de Chypre et du rhum d'Amérique, la flamme que nous allons allumer nous récréera, pendant que nous contemplerons celle de la montagne !

Les Turcs partis, M. Cahlben fut pressé de demandes, et, en homme d'esprit, sans se faire vivement solliciter, se mit en devoir de nous parler des populations du Liban.

VII

DRUSES ET MARONITES. — LE MASSACRE

— Depuis plusieurs années, dit M. Cahlben, on pouvait prévoir les événements qui nous frappent aujourd'hui si cruellement.

J'ai voulu, il y a quelques mois, étudier les mœurs des Druses (1) chez eux, et, profitant de quelques semaines de paix, je me suis avancé jusqu'au cœur même de leur territoire, dans le célèbre Haourân, qui est le repaire sacré de ces assassins. Le croirait-on? J'y ai reçu une hospitalité digne de l'antiquité; lorsque je parcourais les montagnes et les vallées, j'entendais bien quelquefois siffler à mes oreilles des balles qui par bonheur n'atteignaient pas le but; mais dès que je parvenais à partager le sel avec un Druse, ou que je franchissais la porte de la tente, je pouvais dormir en toute sécurité, car le plus lâche des meurtriers du Haou-

(1) On croit généralement que le nom de Druses vient de celui de *Durzi*, un des premiers apôtres du khalife Hakem; suivant une autre opinion, il indiquerait une secte qui étudie les mystères, et se dériverait du verbe *darass*, qui signifie étudier.

rân n'aurait pas violé ce serment tacite d'hospitalité.

En dépit de ce faux semblant de vertu, les Druses nourrissent, même en temps ordinaire, les passions les plus indomptables et les plus sanguinaires ! Le carnage, telle est leur pensée dominante; la haine des chrétiens, telle est leur religion.

Dans la prévision de la guerre, ils s'habituent de bonne heure aux plus rudes fatigues; leurs mères les élèvent à l'école des privations, et les endurcissent en les exposant à peu près nus à toutes les intempéries du climat.

Enfants, ils ont pour berceau une peau de chameau renflée au milieu, afin que le haut de leur corps contracte l'habitude d'être renversé et que plus tard leur tête ait une position fière et martiale; dès qu'ils ont la force de porter un fardeau, ils passent à leur ceinture un poignard et un pistolet. — Leurs premiers jeux ne sont que des simulacres de combat et souvent même des fantasias meurtrières; — la première passion qui mord leur âme est celle du carnage, qu'ils décorent du nom de victoire; leur premier triomphe, c'est la mort d'un chrétien!

Les femmes ont un caractère plus exalté, plus vindicatif encore que celui des hommes; — elles sortent rarement de leurs villages, où elles apprennent à leurs fils à préparer la poudre, à aiguiser les armes blanches et surtout à maudire les

Giaours : « Il faut, leur disent-elles, exterminer au nom d'Hakem tous les impies, immoler les impurs, et fouler aux pieds tous les infidèles, car ce sont des âmes viles; qu'il descende sur eux, le Dieu vengeur de la vérité, que le châtiment du Roi puissant tombe sur eux! Nous, disciples du Dieu unique, préludons par l'envahissement de leurs propriétés, de tous leurs biens, par la destruction de leurs maisons, la captivité de leurs femmes et de leurs enfants; que le sang de leurs guerriers soit mêlé au sang des chiens, qu'ils soient empoisonnés avec le poison des esclaves; que les plus faibles d'entre vous dominent les plus braves d'entre eux. Un jour, ils demanderont grâce et salut, ces infidèles; ils diront : épargnez-nous; mais que personne n'ait pitié d'eux, qu'aucun cœur ami ne s'apitoie sur eux! qu'ils périssent sous notre étreinte, comme la bête immonde !....... Gloire à notre seigneur (Hakem), recourons à lui, il est notre espérance, notre appui et notre couronne! »

On comprend qu'élevés dans de pareils principes, les Druses nourrissent contre nous une haine implacable; aussi, lorsqu'on leur parle des chrétiens et des couvents maronites, un tremblement nerveux les saisit, le sang injecte leurs yeux, leurs lèvres murmurent un cri de vengeance, leurs mains cherchent une proie à déchirer.

Massacrer ne suffit pas à leur rage, il faut, disent-ils entre eux, rendre hideux, méconnaissables, les infidèles ; leur couper le nez, les oreilles, les lèvres, le menton, il faut que l'univers recule d'effroi en les voyant et qu'ils n'osent se regarder entre eux.

— Et vous avez pu vivre avec de pareils scélérats, dit lady R*** à M. Cahlben.

— Oui, Madame, parce que l'on saisit même chez eux, à travers ce caractère farouche, les éléments épars d'une âme forte et capable parfois de générosité chevaleresque. Dirigés par des chefs habiles et non par des fanatiques, les Druses, au lieu d'un peuple d'assassins, pourraient faire un peuple de braves, et, si l'opinion de quelques savants est juste, ils ne mentiraient pas alors à leur sang, puisqu'ils sont peut-être les arrière-neveux des croisés français.

— Nous aimons mieux supposer, dit lady R***, n'en déplaise aux docteurs, que le sang français, s'il en est encore en Syrie, coule à cette heure pour la gloire du Christ et n'anime pas ceux qui le font verser ; dussions-nous nous bercer d'une fiction, nous préférons retrouver les descendants des croisés dans les persécutés plutôt que dans les persécuteurs !

— L'histoire, reprit M. Cahlben, n'est pas toujours un livre moral : comme la politique, un de ses éléments, elle manque d'entrailles ; elle est remplie de contradictions : les peuples religieux deviennent impies, les impies deviennent religieux ;

les nains succèdent aux géants; les aveugles remplacent les clairvoyants, et les trônes des princes défenseurs de la foi chrétienne sont occupés par des souverains qui lui sont hostiles.

— Allons! Allons! M. Cahlben, revenons au plus vite au Liban, dit lady R*** avec un imperceptible sourire, nous sommes ambitieux et ambitieuses, parce que nous exploitons en vous une mine que nous savons fort riche; nous avons vu l'enfer des Druses, nous vous prions maintenant de nous conduire à ciel ouvert dans le paradis des Maronites.

— Madame, repartit courtoisement M. Cahlben, vos prières seront toujours pour moi des arrêts...

Puis, se tournant du côté de l'assemblée et reprenant la suite de son récit :

— Nous parlions, continua-t-il, de l'origine des populations libanaises; selon toute vraisemblance, la petite nation des Maronites a dû se former peu à peu par les proscrits qui, à l'époque où Héraclius perdit la Syrie, avaient cherché dans les montagnes du Liban un refuge contre les cruautés de Chosroës. Elle prit le nom vénéré d'un solitaire appelé Maron, qui, venu des bords de l'Oronte pour être évêque de Botrys, rendit de grands services à l'église de Syrie, fut élevé à la dignité de patriarche, et fixa sa résidence à Kanobin; le vertueux religieux consentit à avoir une chaumière, car jusqu'alors, vivant en solitaire au milieu des montagnes, il refusait même d'entrer dans sa tente faite de peaux de chèvre, et passait les jours et les nuits exposé aux injures de l'air; il priait debout, jeûnait des journées entières. Il parlait peu, mais ses prédications, quoique courtes, pénétraient presque sûrement l'âme des infidèles! Il y avait en lui cette puissance sympathique, cette force attractive qui a toujours été le partage des chefs de religion. — Maron, on doit le reconnaître, était malgré sa vertu, entaché d'une certaine hérésie, à laquelle les Maronites ont renoncé depuis, pour se réunir à l'église romaine. Ils ont seulement conservé l'usage de célébrer l'office divin suivant leur rite et dans leur propre dialecte, mélange de syriaque et d'arabe, et ils maintiennent l'antique institution du mariage des prêtres. Ils ont une ferveur de dévotion qui rappelle les siècles de l'église primitive et qui est un bel exemple pour l'Occident. Deux cents monastères, observant rigoureusement la règle de saint Antoine, sont dispersés dans les vallons, sur les rocs pittoresques, et un grand nombre d'ermites ont cherché une retraite dans les antres et dans les cavernes (1).

Les Maronites, a dit M. de Lamartine, aiment les européens comme des frères; ils sont liés à

(1) Les Maronites reconnaissent pour chef le patriarche d'Antioche, qui a pour coadjuteur l'archevêque de Laodicée; — leur chef-lieu religieux est Kanobin, monastère taillé dans le roc et qui fut fondé par Théodore-le-Grand.

nous, Français, par le lien de la communauté de religion, le plus fort de tous, — ils croient que nous les protégeons par nos consuls et nos ambassadeurs contre les Turcs, ils reçoivent dans leurs villes nos voyageurs, nos missionnaires, nos jeunes interprètes, qui vont s'instruire dans la langue arabe, comme on reçoit dans une famille des parents éloignés; le missionnaire, le voyageur, le jeune interprète, deviennent l'hôte chéri de toute la contrée.

Voulez-vous, maintenant, savoir ce que dit l'histoire, continua M. Cahlben. Saint Louis plaça les Maronites sous le protectorat français; sa charte en est une preuve authentique; « quant à nous et à tous ceux qui nous succèderont sur le trône de France, dit-elle, nous vous promettons de vous donner protection comme aux Français eux-mêmes, et de faire constamment ce qui sera nécessaire à votre bonheur. »

Plus tard, Napoléon Ier devait dire sous les murs de Saint-Jean-d'Acre : « je reconnais que les Maronites sont Français de temps immémorial. » Et il était donné à Napoléon III, en 1860, de couvrir nos frères d'Orient du drapeau libérateur de la France!

— Oh! oh! bien sûr, interrompit un de mes quatre compagnons anglais, master William Lesly, grande reine Victoria, excellent Parlement, pas oublier du tout Syrie, Druses et Maronites, oh! du tout et envoyer très-promptement... oh! oui, très-promptement, des ordonnances pour étouffer ce stioupide petite guerre.

— Nous espérons, reprit M. Cahlben, qu'une nation chrétienne comme l'Angleterre ne tergiversera pas devant cette œuvre généreuse où la politique, après tout, à moins à voir que le cœur !

— Oh! oh! repartit master Lesly en souriant presque ironiquement, — Français — toujours imagination de fumée, Français beaucoup trop sacrifier aux gentils battements du cœur, mais pas du tout raisonner. Nous, citoyens de la grande et considérable patrie des Royaumes-Unis, avoir intelligence pratique, savoir regarder le monde de haut avec longue lunette! oh! oh!

—Revenons aux Maronites ! M. Cahlben, on vous rend la parole, fit lady R***, désireuse d'arrêter William Lesly dans son insolente profession de foi britannique.

— Madame, je la reprends pour vous parler encore des malheurs des Maronites et de la sympathie qu'ils ont toujours inspirée.

Au dixième siècle, quand le khalife Hakem eut établi cette religion dont une des bases est l'extermination des chrétiens, les Maronites périrent par milliers sous le poignard des assassins; les croisades arrêtèrent un moment les massacres, qui recommencèrent plus cruellement par la suite. Alors,

3.

les musulmans étaient, du reste, leurs plus redoutables adversaires.

Non-seulement, ils eurent à essuyer de la part des mahométans une guère sans merci ni trève, mais on employa contre eux la plus terrible des armes, la ruse ; à une époque déjà fort ancienne, les Turcs se couvrirent du voile de la duplicité pour les combattre plus sûrement.

Les empereurs et le clergé de Constantinople, jaloux de voir les montagnards tranquilles, envoyèrent des troupes pour les soumettre et les punir de leur attachement au pape ; mais la vaillante nation chrétienne les repoussa plusieurs fois avec de grandes pertes. Irrités de cette résistance, ils gagnèrent un sultan de Damas, et l'engagèrent à les venger des Maronites ; celui-ci, n'osant pas attaquer par la force des armes, usa de stratagème ; il les flatta d'un traité d'alliance et attira au pied de la montagne le prince maronite Ibrahim et les principaux chefs de la nation. Au milieu de l'allégresse générale, le signal est donné, et les chefs chrétiens sont lâchement assassinés ; profitant du moment de consternation qui suivit cet affreux drame, le sultan de Damas s'interna dans la montagne à la tête de nombreux corps de troupes, pourchassa les chrétiens, et les massacra jusque sur la cime du Liban.

Lisez l'ouvrage de M. Henry Guys, vous y trouverez au long tous ces faits. Que de fois les malheurs de la Syrie ont retenti douloureusement en Europe ! En 1658, saint Vincent de Paul pleura sur les souffrances des chrétiens d'Orient : « les Turcs, s'écriait le grand homme, sont insatiables ; plus on leur donne, plus ils demandent ! » Sous Louis XIV, sous Louis XV, sous la Convention, les Maronites trouvèrent en Occident des cœurs toujours sympathiques, toujours prêts à les défendre ; aussi, il y a une vingtaine d'années, M. de Lamartine a-t-il pu dire éloquemment : « les chrétiens d'Orient voient en nous des protecteurs actuels et des libérateurs futurs. »

Du reste, les Turcs (ce qui peut jeter un jour encore plus fâcheux sur leur politique), les Turcs eux-mêmes semblent avoir reconnu notre protectorat sur les Maronites, et l'on trouve souvent dans les pièces de leur chancellerie ces épithètes significatives ! « la nation maronite franque, les Maronites francs. »

C'est donc, a dit un poétique voyageur, M. Louis Énault, une petite France qu'à mille lieues de nos rivages, dans un repli des montagnes de l'Asie, l'on retrouve tout-à-coup ! Que de fois le dimanche, en entrant dans une de ces modestes églises du Liban, on éprouve une émotion à la fois attendrie et mêlée d'orgueil, en voyant l'espèce de trône réservé au représentant de la France, que tous ces hommes, à l'âme généreuse et au cœur exalté, regardent comme le représentant de leur véritable souverain, quand il tire fièrement l'épée du fourreau et fait briller sa lame nue non loin du prêtre qui récite l'Évangile. — Aujourd'hui encore la France est le soldat de Dieu.

Il y eut un moment de silence, et M. Cahlben aurait sans doute continué son lumineux exposé, si un incident, au premier abord burlesque, n'était pas venu mettre un terme à l'entretien ; un de nos quatre Anglais, qui se promenait sur la terrasse, jeta tout-à-coup au vent ces cris d'admiration :

— Oh! oh! very beautiful! very beautiful, indeed; John! William! James, come here! oh! oh! very beautiful!

En présence d'exclamations aussi enthousiastes, les Anglais accoururent, et à leur suite les auditeurs de M. Cahlben. — Dois-je l'avouer? Je fus du nombre, et, si le spectacle n'était pas magnifique, comme le prétendait l'impassible sir Philipp Rohrson, il était, du moins, des plus saisissants, des plus tragiques, et je crois que j'en perdrai difficilement le souvenir ; sur une vingtaine de points, la montagne était incendiée, et, à la lueur des flammes, on distinguait, avec la longue-vue, des hommes et des femmes qui se débattaient contre la mort ; on voyait des troupes de Druses, le yatagan au poing, se ruer sur la foule des chrétiens, comme des hyènes sur des cadavres! On saisissait dans l'air le bruit de la fusillade et un murmure confus de hourrahs et de cris! Quel effroyable tableau ! Notre cœur de chrétien se déchirait à la vue de ces crimes atroces, qu'il nous était de toute impossibilité d'arrêter. Nous ne pouvions que pleurer et prier, et nous pleurions, en demandant à Dieu la fin de si cruelles épreuves. Quant à John Speck, il était au paroxisme de la fureur, et faisait jouer toutes les batteries de ses révolvers, mais les quatre Anglais continuaient à trouver le spectacle admirable et à témoigner une incroyable satisfaction.

Trop profondément pénétrés de l'étendue du mal, la plupart des assistants se disposaient à se retirer, lorsque lady R***, le consul allemand, M. Cahlben et moi nous fîmes comprendre qu'il était de toute nécessité, dans une situation aussi tendue, de s'unir, de faire cause commune pour lutter contre le péril ; en conséquence lady R*** nous engagea à passer la soirée du lendemain chez elle, afin d'y prendre d'importantes mesures.

— Monsieur, dit-elle à John Speck, je vous prie d'être présent à nos entretiens de demain, parce que j'apprécie toute la part que vous prenez à nos malheurs.

— Madame, répondit l'Américain en proie à une vive exaltation, avant peu je veux chasser le Druse dans le Liban, comme le buffalo dans nos savanes !

— Nous parlerons plus tard de vos exploits passés et futurs, répondit lady R*** ; mais, en attendant, allons au plus pressé, secourons les malheureux qui manquent de tout.

— Madame, madame, reprit John Speck, vous m'offensez ; — je puis avoir l'écorce un peu rude, et j'ai plus d'une fois porté la main sur des nègres, je l'avoue ; mais, par ma foi, les Maronites ne sont ni des nègres ni des Irlandais, et je vous jure que je leur abandonne volontiers tout ce qu'ils voudront de ma défroque et de mes piastres ; dévalisez-moi à leur profit, mais laissez-moi, de grâce, mon révolver, pour que je fasse la chasse à ces rascals de Druses.

VIII

LES MASSACRES DU LIBAN. — Mme BISCHARRA-SOUSA

7 juillet.

Le lendemain, on fut fidèle au rendez-vous, et la délicieuse villa de lady R*** abrita des représentants de toutes les nations européennes, sauf ceux de la Porte ottomane, qui, dans cette réunion d'alliés, avaient été soigneusement éliminés.

Quelques voyageurs, plusieurs négociants, figuraient parmi les invités et s'interrogeaient sur les événements du Liban, comme des amis empressés et inquiets se demandent, avec angoisse, des nouvelles d'un malade bien-aimé qui combat contre un destin fatal.

La soirée devait être émouvante au suprême degré; la veille, nous avions entrevu les faits; le lendemain, nous devions, pour ainsi dire, toucher du doigt la plaie et en apprécier toute l'horreur; — de tous côtés, nous recevons des nouvelles alarmantes, et le ciel paraît s'assombrir au-dessus de

Damas; — nous frémissons en apprenant jusqu'à quel point de démence peut aller le fanatisme des Druses, et, d'une minute à l'autre, il faut nous attendre à voir les massacreurs, ivres de carnage, descendre de la montagne pour nous égorger; — nos bras sont presque paralysés ! — disséminés comme nous le sommes, il est aisé de prévoir que nous aurions inévitablement le dessous, et que chercher à se défendre serait un acte, sinon téméraire, du moins inutile. Ces réflexions navrantes, que nous faisons à voix basse et même la plupart du temps sans oser nous les communiquer, ces réflexions nous jettent dans une perplexité indescriptible, dans un trouble indéfinissable, et, cependant, il nous faut, en dépit de nos terreurs, jouer le rôle d'indifférents, afficher de l'assurance, et surtout dissimuler aux yeux des musulmans nos trop justes appréhensions ; telle est en deux mots notre situation : dévorés à l'intérieur par l'anxiété, souriants au dehors.

Cette règle de conduite nous est commandée par une impérieuse nécessité, c'est-à-dire par le caractère astucieux, fourbe, des musulmans, qui ne sont véritablement forts qu'avec les faibles, véritablement à redouter que lorsque personne ne leur inspire plus de crainte.

Après quelques mots relatifs aux dernières nouvelles, M. Cahlben fut prié de nous entretenir, *ex professo*, des événements, et, en historien consciencieux, il commença à peu près en ces termes :

— Je répondrai à votre confiance, en allant droit au but, c'est-à-dire aux faits ; — je vous parlerai des événements, tels qu'ils se sont passés, et, comme il importe que la lumière se fasse sur le caractère odieux des massacres, je ne transigerai pas sur la vérité, et ne jetterai pas un voile sur la conduite de méprisables fonctionnaires, auteurs perfides et sacriléges de tout le mal. L'Occident doit enfin comprendre que l'Orient, sous le joug de l'Islam, lui est foncièrement hostile, et j'espère que cette vérité, trop tard reconnue, attirera au moins sur les générations futures du Liban, une protection plus efficace des puissances européennes. L'antique rivalité de l'Orient et de l'Occident a pu s'assoupir un moment, mais ne s'est jamais complétement éteinte ; depuis la guerre de Troie, l'Europe combat contre l'Asie, et l'Asie, fatiguée par une lutte impossible, est toujours tombée dans la somnolence, pour se réveiller dans le sang. Aujourd'hui, le présent ne nous permet pas de songer au passé ni à l'avenir : il nous faut, sans tarder, resserrer étroitement nos liens pour lutter contre la tempête. Peut-être nous verrons-nous forcés de nous transformer en soldats !

Vous le savez sans doute, Messieurs, le malheur qui nous frappe aujourd'hui pouvait être prévu : depuis plusieurs années, il règne dans le Liban une fermentation sourde, une de ces rumeurs incertaines qui précèdent toujours les cataclysmes. Les pessimistes saisissaient çà et là, avec inquiétude, des bruits confus, il est vrai, mais qui prenaient avec le temps une consistance trop réelle; en vain quelques personnes prévoyantes cherchaient à ouvrir les yeux aux représentants européens, rendus optimistes par notre dernière alliance avec la Porte, et surtout par les droits que nous avions à la reconnaissance des Ottomans; — les Turcs étaient entrés trop avant dans leur confiance, pour qu'ils osassent soupçonner une semblable trahison.....

En ce moment, nous entendons un bruit dans l'escalier, et nous voyons entrer une jeune dame fort belle, malgré l'empreinte profonde des souffrances qui altèrent ses traits; sa présence inattendue produisit sur nous l'effet d'une apparition funèbre. Il y a tant de tristesse, tant de deuil dans tout son être, qu'un murmure douloureux se répand à son approche. Unis par une puissance instinctive, nous nous levons et nous rangeons tous pour laisser passer cette jeune femme, courbée sous le poids du malheur, et qui, en cet instant, est pour nous la vivante personnification du Liban en pleurs.

Nos yeux contemplent avec un intérêt amer cette beauté qui devait être naguère si satisfaite de la vie, peut-être même orgueilleuse de ses charmes, et qui, aujourd'hui, défleurie, abattue, n'est plus qu'une ombre arrachée au tombeau. Mme Bischarra, tel est le nom de l'infortunée, doit compter tout au plus vingt-deux ans, mais le chagrin est entré si avant dans son âme que son visage a pris une gravité sénile; ses yeux sont entourés de cette auréole de la souffrance qui donne à la physionomie un air de misère et de grandeur. Nous apprenons bientôt que Mme Bischarra vient d'échapper aux massacres de Deïr-el-Kamar, et que son mari était, il y a encore peu de jours, le plus riche négociant de la malheureuse cité.

La jeune femme, se trouvant au milieu de nous, c'est-à-dire au milieu d'Européens, assurée de n'être entendue par aucune oreille musulmane, paraît reprendre une force surnaturelle; ses traits, tout à l'heure mornes, s'illuminent d'un rayonnement presque céleste; ses yeux, naguère éteints, étincellent tout à coup, et, d'une voix ferme, accentuée, pénétrante, elle articula ces paroles qui nous firent tous frissonner :

— Mes amis, nous sommes indignement trahis! Ceux qui auraient dû nous protéger sont les premiers à nous pousser dans le précipice! J'ai vu des monceaux de cadavres, mes pieds se sont baignés dans le sang, et savez-vous qui a présidé aux massacres? Ce sont les Turcs!

Cette révélation qui, à vrai dire, n'en était plus une pour la plupart d'entre nous, produisit néanmoins une vive sensation, surtout à cause de l'accent de désespoir avec lequel elle était faite.

Arrêtée par les sanglots qui gonflaient sa poitrine, Mme Bischarra se prit alors à pleurer, et l'assemblée, recueillie et profondément émue, observa un silence qui témoignait assez de la part que l'on prenait à sa douleur.

— Non, dit-elle, en essuyant ses larmes, je veux parler, je veux dessiller vos yeux et vous sauver, s'il en est temps encore! Vous allez apprendre par la lamentable histoire de mon mari, la confiance que l'on doit accorder à la parole des musulmans, les plus traîtres de tous les hommes! Depuis plusieurs mois, les esprits clairvoyants s'attendaient à quelques troubles dans le Liban, et, comme notre fortune et notre religion nous mettaient trop en vue à Deïr-el-Kamar, nos amis de Beyrouth nous engageaient à nous retirer auprès d'eux. Que n'avons-nous écouté leurs conseils! Mais à ces avis dictés par la prudence, mon mari n'hésitait pas à répondre qu'il n'avait rien à craindre dans notre ville, parce qu'il était le meilleur ami du mousselim.

Au moment où les Druses se déchaînèrent sur les chrétiens, le 20 juin, nous nous retirâmes dans le sérail, nous reposant sur l'affection et sur le dévouement de notre tendre ami, le gouverneur. Le massacre des chrétiens touchait à sa fin, le mousselim nous envoya un bachi-bouzouk, qui, s'adressant au pauvre Sousa, lui dit de descendre dans la cour ou l'attendait le gouverneur ; nous obéissons ;

parvenue au pied de l'escalier, je suis retenue, tandis que mon mari est entraîné brutalement par deux soldats, qui l'invitent à contempler les cadavres amoncelés de ses frères ; — l'attitude méprisante du mousselim, et surtout les cris des bourreaux qui l'entourent en agitant leurs yatagans, lui ouvrent les yeux, et lui font comprendre le danger qui le menace ; il se précipite aux genoux du gouverneur. « Au nom de notre amitié, s'écrie-t-il, rachetez-moi, épargnez-moi ! » L'infâme détourna la tête, et, s'adressant aux Druses, leur dit froidement : « Tuez-moi ce Giaour ! »

Mon pauvre ami, en face de la mort, se raidit et parut se rattacher aux dernières chances de salut, comme l'homme emporté par un torrent enlace les rochers de ses bras et fait des efforts désespérés pour gagner la rive ; il se jette aux pieds des bourreaux eux-mêmes, leur offre ses bijoux, ses propriétés, trente-six mille francs enfouis dans une cachette. On paraît accepter le marché, et mon mari signe même un acte de cession de ses biens ; l'espoir devait bientôt s'évanouir. Les Druses l'entourent en agitant leurs glaives, et le cheykh lui porte un coup sur la tête ; il veut résister, on le garrotte et on l'étend nu sur le sol ; — on sème sur son corps de la poudre que les meurtriers allument en poussant des cris de joie ; ils tentent ensuite d'écorcher leur victime, qui se roule dans d'affreuses convulsions ; mais le travail était trop long, il fallut y renoncer ; les scélérats se contentèrent de lui couper les deux bras et de lui briser les deux jambes à coups de hâche ; ils emportèrent ensuite la tête à l'extrémité d'une pique !

Kurchid-Pacha voulut se rassasier lui-même de ce spectacle et vint à Deïr-el-Kamar.

Ce récit déchirant causa la plus cruelle impression sur l'auditoire ; Mme Bischarra-Sousa, épuisée par l'exaltation même qu'elle avait mise à dépeindre la mort de son mari, brisée par des émotions trop fortes, tomba dans un complet état de prostration et s'ensevelit dans une morne douleur.

Lady R*** et M. Cahlben proposaient, comme mesure préventive, une sorte de prise d'armes générale des résidents européens, plus faite, du reste, pour intimider les fonctionnaires turcs que capable, en réalité, d'arrêter les massacreurs, lorsqu'un domestique entra précipitamment et remit à lady R*** un billet froissé qui, à en juger par sa couleur, avait dû passer entre bien des mains avant d'arriver à son but ; — la missive contenait ces phrases d'un style oriental des plus purs, mais surtout d'une éloquence trop pleine de vérité.

Madame,

« Vous qui êtes l'onde rafraîchissante dans le feu de la douleur et le bouquet de fleurs parfumant les chagrins, venez à nous ; le glaive des Druses s'est abaissé sur ma famille, et la fatalité a voulu qu'un pauvre vieillard comme moi fût épargné ; mes fils sont morts à Deïr-el-Kamar, il ne reste plus autour de moi que des compagnons d'infortune et quelques malheureuses veuves de mes frères ; si la Providence, dont vous êtes la fille bien-aimée, ne vient pas à notre voix, avant peu nous retomberons sous les coups des assassins ; une grotte étroite placée dans la vallée d'Abadieh, à quelques *berris* de votre sainte demeure, nous sert d'abri, nous répondrons au cri de Jésus. »

« Ibrahim l'infortuné. »

Après avoir lu ce billet, lady R*** se tourna vers l'assemblée et demanda si elle pouvait compter sur nous dans la mission chrétienne qu'elle allait entreprendre ; le réponse fut spontanée, nous offrîmes tous notre concours.

— Merci, messieurs, nous dit lady R*** ; à demain donc ; nous nous réunirons au lever du jour et partirons pour Abadieh.

IX

LA PHILOSOPHIE DE M. CAHLBEN. — HISTOIRE DU ZAHLÉEN

Lorsque nous prîmes congé de lady R***, il pouvait être environ dix heures du soir ; les rues étaient encombrées de Maronites qui, profitant de l'obscurité de la nuit, avaient abandonné leurs retraites de la montagne pour implorer la pitié des chrétiens de Beyrouth.

— Eh! bien! mon ami, me dit M. Cahlben, à quoi rêvez-vous?

— J'ai des rêves sinistres, répondis-je, je vois la terre donnant naissance, sur nos propres pas, à des milliers de yatagans, dont nos perfides voisins ont semé l'infernale graine ; — cette montagne que j'aurais tant aimé à contempler, cette montagne, incendiée par les Druses, se change dans mon imagination en un second Vésuve vomissant la mort et se disposant à nous engloutir, comme jadis Herculanum.

— Vous avez décidément le rêve lugubre, mon cher, repartit M. Cahlben en s'efforçant de sourire ; je conviens avec vous que les Turcs pourraient, sans se transformer beaucoup, devenir des Druses modèles, mais, par Talleyrand, si vous parliez ainsi devant des musulmans, nous serions assassinés ce soir même : souvenez-vous que le baromètre des Turcs marche à l'opposé du nôtre ; lorsque nous déclarons *tempête,* ils annoncent beau temps, et se croient en revanche à la *grande pluie,* lorsque nous nous disons au *beau-fixe ;* avec les Turcs, le meilleur moyen de se faire craindre, c'est de chanter toujours victoire.

— Mais, mon ami, vous êtes diplomate et je suis artiste : mon rôle est de rendre la nature telle qu'elle est, et vous, le vôtre, de la rendre telle qu'elle n'est pas ; nous ne pouvons nous entendre.

— Du tout, cher monsieur, vous êtes aussi diplomate que moi : vous flattez vos portraits, comme moi la situation ; je joue avec le caractère des hommes, comme vous avec vos pinceaux, je métamorphose pour le bien de la cause mes couleurs sombres en couleurs gaies, et je transforme aussi, selon le bon plaisir des gens, des singes en Adonis. Déjà nous sommes frères. Faites mieux encore ! Soyez utile à notre parti, qui me semble être assez le vôtre ; vous avez entre vos mains une arme de paix, un crayon : postez-vous tranquillement sur le port, et amusez-vous à croquer une galerie de Turcs. Vous verrez une foule de haillons se grouper autour de vous, confondus de votre habileté européenne ; notre considération ne pourra qu'y gagner, et,

4

comme tout est commenté ici, les personnages de condition élevée ne manqueront pas de se dire que les Francs doivent se croire bien maîtres de la situation pour perdre leur temps à promener un peu de noir sur du papier. C'est là de la diplomatie en action, je la livre à vos bons soins.

— Mon cher M. Cahlben, demain, au retour d'Abadieh, je dresserai ma tente sur le quai, mais je braquerai auparavant ma longue vue du côté de la mer, pour voir si, de l'extrême Occident, l'on ne vient pas à notre secours.

— On viendra, mais il faut attendre ! que diable ! je vais vous dire, à l'imitation de sir William Lesly, que votre imagination est une chaudière à vapeur ! ne savez-vous pas quelles sont les grandes occupations de l'Europe en ce moment ?

— Non.

— Eh bien ! nous touchons à la mi-juillet ; on se dispose à se divertir, l'on danse à Bade, l'on déserte Paris pour jouir de la villégiature et des bains de mer, les élégants se pavanent au bois de Boulogne et au chalet des Iles, tout en se plaignant amèrement de la monotonie de l'existence, et vous pensez comme moi qu'ils devraient faire un tour ici pour changer d'opinion.

— Sans aucun doute, et, à Londres, que doit-on dire des événements, M. Cahlben ?

— A Londres, mon ami, on doit y pérorer pour ne rien conclure, insulter la France par l'organe du *Times*, et peut-être prétendre en plein Parlement que les Maronites sont les meurtriers et les Druses les martyrs.

Après quelques minutes de marche et de causeries, en passant dans une rue voisine du consulat prussien, nous aperçûmes, au milieu d'un groupe de Maronites, un jeune homme pâle aux yeux noirs et profonds, qui semblait se soutenir avec peine, et dont le front était ceint d'un bandeau maculé de sang.

— Mon ami, lui dit M. Cahlben; suivez-nous et entrez chez moi : la demeure d'un Français est toujours celle d'un frère en temps de malheur.

Le jeune Maronite nous embrassa d'un long regard empreint de souffrance, rendit grâce à M. Cahlben, nous suivit, et nous raconta sans aucune emphase orientale son histoire, qui est en même temps celle de Zahlé, sa patrie.

— J'étais, dit-il, attaché au grand couvent de Zahlé en qualité de serviteur, et mêlais chaque jour mes prières à celles des missionnaires, lorsque le bruit des troubles parvint jusqu'à nous; le révérend père supérieur s'en émut et réclama la protection du gouverneur ottoman de Maalaca, village dont on aperçoit les maisons blanches à peu de distance de Zahlé; — les promesses solennelles du chef musulman nous rassurèrent; — habitués à vivre avec Dieu, comment aurions-nous songé à la perfidie? Nous continuâmes donc à faire monter jusqu'au Seigneur le parfum de l'encens et le chant de nos pieux cantiques.

Cependant les bachi-bouzouks du chef musulman se joignaient en secret aux Druses pour nous exterminer ; l'assaut est donné à la ville ; une cohorte d'assassins inonde de sang chrétien les rues, les maisons et les jardins ; — nous entendons les clameurs lugubres retentir au loin et résonner dans la montagne.

Comprenant la lutte impossible, nous cherchons à nous dérober à la vue de nos cruels ennemis ; en un clin-d'œil ils ont enfoncé les portes et envahi le couvent ; le frère Nabid, le premier, se trouve face à face avec eux ; des fusils sont braqués sur lui, mais sa fermeté et son calme sont si grands que les assassins s'arrêtent stupéfaits à sa vue :

« Mes frères, s'écrie-t-il, au nom même d'Allah et de votre Mahomet, cessez cet effroyable carnage, craignez la vengeance du Ciel ! Sachez aussi que nous sommes Français et que vous aurez à rendre compte à la France de vos crimes ! »

L'un d'eux lui répondit au nom de tous, en brandissant son fliça.

« — Eh bien, nous te tuons aux frais de la France, » et le malheureux tomba percé de plusieurs balles.

Le Père Billot et plusieurs frères s'étaient cachés avec quelques missionnaires dans la tribune de la nouvelle église : les Druses passent à côté d'eux sans les voir; déjà le gros de la bande est parti, l'espoir renaît en nous, lorsque le frère Bonacina se lève imprudemment; on l'aperçoit; les Druses fondent sur nous, nous arrachent de notre retraite et nous rangent en file sur une terrasse voisine; le frère Bonacina, quoique blessé mortellement, se relève dans un fol accès de désespoir et fait tomber à ses pieds plusieurs de nos antagonistes; les sicaires en démence le coupent à coups de hache. Pendant cet affreux drame, le révérend père recommandait son âme au Seigneur et priait pour ses frères; les meurtriers, après avoir étendu sans vie la plupart des nôtres, reviennent au supérieur, qu'ils se disposent à torturer; on le flagelle, on lui crache au visage, et, pour en finir, un des sicaires lui décharge son mousquet en pleine poitrine; le jeune frère Elias est tué à coups de yatagan, et ceux qui cherchent à fuir sont impitoyablement massacrés par les Druses qui gardent les issues. Lorsque la boucherie fut complète, les assassins se retirèrent en chantant la gloire d'Hakem!

L'incendie qu'ils avaient allumé faisait des progrès rapides; malgré mes blessures, j'eus assez de force pour me traîner dans l'église, où je passai la nuit; — partout, autour de moi, régnait le calme de la mort, et ce silence affreux n'était troublé que par la crépitation des étincelles et par le craquement du bois sous la flamme.

Au lever du jour, je traversai le fleuve, me

cachai au milieu des rochers, et, soutenu par l'espérance, je suis parvenu jusqu'ici...

Nous étions arrivés à la maison de M. Cahlben, et, rendant hommage au malheur, nous priâmes le Zahléen d'entrer le premier.

Je me retirai dans ma chambre et je vins alors, en sondant mon âme et en récapitulant les cruelles impressions que j'avais ressenties dans la journée, à constater un singulier avantage des touristes anglais sur les voyageurs français ; nous, Français, nous nous apitoyons tellement sur les douleurs qui se présentent sur notre passage, que nous en souffrons presque autant que les infortunés eux-mêmes ; les Anglais sont infiniment plus forts que nous : on ne les voit jamais s'attendrir ni tressaillir à la vue de la souffrance, qui est pour eux un spectacle passablement curieux, il est vrai, mais incapable de troubler leur parfaite quiétude ; notre esprit enthousiaste comprend peu ce superbe sang-froid britannique, qui lui-même est fort scandalisé (et pour cause) de voir notre imagination s'enflammer à la moindre occasion. — Quoi qu'il en soit, et n'en déplaise à nos voisins d'outre-Manche, ce vieux levain de générosité chevaleresque qui fermente dans notre cœur, ces dernières étincelles du preux d'autrefois qui brillent en nous, cette sympathie qui s'éveille en notre âme à la nouvelle d'un désastre, au cri de désespoir d'un infortuné quelqu'il soit, cette spontanéité généreuse a bien pu nuire quelquefois à notre politique, mais elle sera toujours, en dépit du blâme des envieux, le plus beau fleuron du caractère français.

X

DÉPART POUR LA MONTAGNE. — UNE ALERTE

8 juillet.

A la pointe du jour, je fus sur pied ; je pris mon fusil, glissai dans ma ceinture deux pistolets et un fliça arabe ; j'entourai mes épaules d'un haïk de toile fine, et couvris ma tête d'un majestueux fez indigène : ainsi travesti, je ressemblais plus, en vérité, à un héros de carnaval qu'à un personnage sérieux ; mais les événements ne laissaient aucune place aux plaisanteries, et de loin, sur un cheval arabe, je pouvais faire illusion et être pris pour un Ottoman, ce qui, dans toute autre circonstance ne me plairait que très-médiocrement, mais dans la situation présente pouvait m'éviter de fâcheux démêlés avec l'ennemi.

Suffisamment habillé à la turque, je descendis de ma chambre, pour prier le domestique de me préparer au plus vite un cheval : il n'était pas encore quatre heures du matin, et pourtant la première personne que je rencontrai fut Mme Emmelina Cahlben, dont je n'ai peut-être pas assez parlé jusqu'à présent : depuis le jour de son arrivée, sa maison est devenue un asile pour les malheureux de la montagne ; le beau rôle de la femme a commencé pour elle ; cette jeune personne, habituée aux plaisirs du monde, aux mille jouissances de la société parisienne, transportée tout-à-coup au milieu des plus cruels événements est admirable de résignation et de fermeté ; ses mains délicates, qui n'avaient jamais effleuré que des soieries et des dentelles, prennent sans répugnance les bandelettes et la charpie ; ses yeux, qui ne pouvaient hier supporter sans effroi la vue de quelques gouttelettes de sang s'échappant d'une piqûre, ses yeux s'arrêtent maintenant avec calme sur les blessures profondes du yatagan, sur les plaies les plus hideuses ; Mme Emmelina n'est plus la femme du monde, toujours un peu égoïste, toujours un peu soucieuse de ses charmes ; le malheur l'a touchée de son aile, il ne reste plus en elle que la chrétienne.

— Madame, lui dis-je, dans un élan d'admiration pour son dévoûment, si les Druses ont fait des martyrs, ils ont aussi fait des saintes.

— Oh ! Monsieur, répondit-elle en rougissant, vous me donneriez de l'amour-propre si je ne voyais, par l'exemple des sœurs de charité, combien je suis encore au-dessous de mes devoirs.

Une magnifique jument arabe piaffait dans la

cour, et, le domestique m'ayant annoncé qu'elle n'attendait plus que son cavalier, je fis mes adieux à Mme Cahlben et m'élançai vers le fringant animal ; la selle qui le couvrait avait toute la couleur locale ; des franges d'or, d'argent et de soie rouge l'entouraient d'une ceinture éclatante ; son pommeau était extrêmement saillant, et les étriers, tenus fort courts, ressemblaient à des babouches de fer ; les rênes, ornées de glands dorés, caressaient gracieusement le superbe cou de la brillante jument, qui frémissait d'impatience à leur simple frottement, et qui caracolait en s'efforçant d'échapper aux mains du serviteur.

En montant cette superbe cavale de formes si élégantes, dont la croupe s'arrondissait mollement à chaque mouvement de son corps, et qui, bien que maîtrisée par le fer du mors, ressemblait au fier enfant du désert recouvrant sa liberté, je repassais dans ma mémoire les beaux vers d'un poëte français (1) :

... C'est une merveille entre tous les coursiers
  Ma superbe cavale ;
Aucun n'est aussi noble, en noblesse elle égale
  Les plus nobles guerriers.

Elle est belle aux regards, sa jambe est ferme et sûre
  Ses jarrets sont nerveux.

---

(1) M. Lerambert.

Les crins ornent son front, comme de beaux cheveux
    Une douce figure.
Par ses larges naseaux elle aspire les vents.
    Sa bouche, qui s'entrouvre,
Alors qu'elle hennit, en souriant découvre
    La blancheur de ses dents.
Mobile et plein de feu, son œil, qui me caresse,
    Lance de doux rayons.
Son oreille attentive, ouverte à tous les sons,
    Sur sa tête se dresse.
Son cou, pareil au cou du cygne, sous la main
    Se relève ou se penche.

Voyez comme elle va, superbe et gracieuse,
    Abandonnant à l'air
Sa queue aux crins touffus qu'a respectés le fer ;
    Ainsi qu'une danseuse,
Balançant mollement ses membres assouplis
    Au son d'une luth qui chante,
Au zéphire léger, de sa robe flottante
    Abandonne les plis.
Je veux, elle obéit. Au genoux qui le presse
    Son flanc n'est jamais sourd.
Arrête ! elle s'arrête, allons ! cours ! elle court.

    Allah ! comme elle laisse
Derrière elle l'espace, et dans l'air fait briller
    De rouges étincelles !

Lorsque j'atteignis la maison de lady R***, la cour de l'hôtel était déjà remplie par mes futurs compagnons de route, qui, dans la prévision de quelque mauvaise rencontre, avaient garni leur ceinture d'un arsenal fort imposant. Les chameaux, en attendant le départ, étaient accroupis dans un coin sous la garde de leurs conducteurs, qui, insoucieux comme toujours, lançaient au vent la fumée de leur chibouk et contrastaient, par leur calme asiatique, avec la démarche nerveuse, presque fébrile, des Européens.

Que j'aurais voulu en ce moment avoir entre mes mains ma palette et mes armes pacifiques de peintre, pour saisir la nature sur le fait et rendre ces préparatifs de départ dans leur originale et saisissante vérité ! Le vermillon, la terre de Sienne, l'ocre et le bleu céleste auraient joué le principal rôle dans cette fête de couleurs, dans ce banquet de lumière; le tableau se dessinait dans ma pensée, j'en formais le cadre, j'en distribuais les personnages; je faisais valoir cette opposition de la nature indolente de l'Asiatique et de la nature inquiète des fils de l'Occident. J'empruntais à Ziem ses tons empourprés, à Bida la finesse de son spirituel crayon, à Decamps la chaleur magistrale de son pinceau, à Delacroix sa sauvage indépendance.

Combien je savourai délicieusement l'Orient dans cette courte matinée! J'oubliai pendant quelques minutes les massacres, les Druses, les Turcs et jusqu'aux Maronites, je redevins artiste et seulement artiste : j'étais en extase devant le soleil, devant les grandes ombres projetées par la montagne et par les minarets! Devant ce ciel sans nuage, devant ces bouquets de palmiers mouchetant l'horizon de leurs vertes aigrettes, tout contribuait à charmer mon imagination : ici, les chevaux impatients du joug se cabraient, là les chameaux couchés à côté de leurs maîtres découpaient leur étrange silhouette sur les murailles blanchies; — plus loin j'entendais le chant des muezzins, et j'entrevoyais un splendide horizon couvert de feuillage.

Lorsque nous sortîmes de la cour de lady R***, il se fit parmi nous un silence facile à interpréter : des réflexions pénibles s'agitaient dans notre esprit : nous serait-il permis de revoir les mêmes lieux, et n'allions-nous pas, par notre téméraire excursion, tenter la voracité d'un lion toujours avide d'une proie chrétienne? Mais, à côté de ces pensées trop naturelles, hélas! et surtout trop justifiées, il en surgissait immédiatement d'autres: nous allions secourir des infortunés, et, si l'esprit raisonne, le cœur ne mesure jamais le danger.

Nous sommes en tout dix-huit : — deux des Anglais, MM. William Lesly et Philipp Rohrson, se sont rendus à l'appel; —John Speck, le téméraire, fougueux John Speck, fait défaut, et a dû se tordre de fureur dans son lit en apprenant que nous allions courir des périls, peut-être mettre en pièces les Druses, sans lui! Le fait, le voici : le malheureux Yankee est retenu à la chambre par une blessure au bras qu'il s'est faite en s'exerçant avec un fleuret à trouver une botte infaillible : l'ennemi, représenté par un mur, a brisé en mille morceaux son fleuret, dont une partie est venue se planter dans l'avant-bras du belliqueux Américain. La blessure est légère, mais exige au moins huit jours de repos ; John Speck prétend qu'une si longue séquestration le fera mourir ; on espère néanmoins le sauver, en lui parlant de tous les Druses qui seront bientôt ses victimes.

M. Cahlben, notre *deus ex machina*, ne nous accompagne pas, ses affaires le cloîtrant aussi à Beyrouth ; mais, si nous sommes privés de Léo, nous emmenons avec nous une Camille dans la personne de lady R***, qui ouvre courageusement la marche. Le pas rapide de nos chevaux nous emporte bientôt hors de la ville, et nous conduit dans une route bordée d'aloës, de lentisques et d'arbres verts : le Liban nous révèle peu à peu ses sites grandioses, ses solitudes majestueuses et ses vallées profondes. De distance en distance, les pins parasols planent sur les hauteurs, et les têtes isolées des cyprès se dressent au milieu des anfractuosités des rochers. Nous voyons le grand aigle tournoyer autour des pics et s'abattre dans les gorges sauvages, peut-être à la recherche d'une pâture humaine, sur le passage sanglant des Druses ; nous cherchons à distinguer, sur la cime du

Liban, les cèdres séculaires, qui sont aujourd'hui en très-petit nombre, et, songeant alors à la douleur du pays sur lequel nous marchons et aux prophéties accomplies par le temps, nous murmurons les paroles d'Isaïe : « Le Liban est humilié, les cèdres les plus élevés ont été coupés ; — le nombre des arbres échappant à la flamme sera si petit, qu'un enfant pourra les compter !... »

. . . .

Le chemin fuit sous le pied brûlant de nos chevaux ; nous voyons çà et là des villages, hier la proie des bourreaux, aujourd'hui la retraite des animaux féroces. Le silence de la mort est partout. — Après deux heures de marche, notre guide nous annonce que nous entrons dans le territoire d'Abadieh, et lady R***, gardant toujours la première place, incline à gauche, nous fait suivre un étroit sentier, et nous prie de la laisser explorer seule avec le moukre (conducteur) les champs où ont dû se réfugier les Maronites. — Nous obéissons, mais nous accompagnons des yeux notre compagne, qui s'avance hardiment, et fait retentir de temps à autre le nom de *Jésus*, cri d'appel tout chrétien, choisi par le vieil Ibrahim. Malgré les ordres de lady R***, nous nous tenons prêts à nous élancer à son secours en cas d'attaque ; tout à coup un effroi se répand parmi nous ; nous craignons une surprise, nous nous croyons entourés d'une rivière ondoyante de Druses Il n'y avait pas la moindre agitation dans l'air ; les branches les plus élevées des grands arbres ne témoignaient aucun mouvement dans l'atmosphère, et cependant, à cinquante pas du sentier, nous voyions les hautes herbes se courber subitement, et nos oreilles saisissent le bruit du frôlement d'un corps se glissant à travers le feuillage.

— C'est quelque chacal se rendant à sa tanière ! s'écrie un des serviteurs turcs conduisant les chameaux.

— Par saint Hubert, repartit un vieux domestique français nommé Godefroy, qui avait autrefois servi dans l'armée d'Afrique, j'ai chassé plus de cinq cents fois les chacals en Algérie, et, si c'en est un, je veux renier ma barbe blanche et passer pour plus novice qu'un enfant ! Un chacal ne fait jamais entièrement courber les roseaux, il les écarte, il se faufile à travers, et, d'ailleurs, les chacals ne sont pas un gibier bien commun ici. Je parierais plutôt que... Puis, se retournant vers nous pour savoir s'il devait continuer... Eh bien ! je parierais que c'est quelque mauvais drôle qui cherche à dissimuler sa présence et n'est peut-être qu'un émissaire druse. Dans toute occurrence, je vais envoyer une balle à l'inconnu, bête ou homme.

L'ancien militaire abaissait sa carabine et se disposait à faire feu, lorsque plusieurs personnes l'arrêtèrent, en invoquant trois motifs : si c'était un chacal, comme le prétendait le conducteur de chameaux, il était inutile de troubler par le bruit d'une détonation d'arme à feu le calme momentané des chrétiens épars dans le voisinage ; si le hasard voulait que ce fût un Maronite, on commettait un crime ; si c'était un ennemi, il n'était, après tout, guère à craindre, puisqu'il fuyait.

— C'est égal ! c'est égal ! reprit le vieux militaire en mordant sa moustache grise, ces maudits roseaux n'annoncent rien de bon ! Vous me faites manquer un beau coup de fusil, et je souhaite que nous ne le regrettions pas.

En cet instant, lady R*** fit résonner un cri d'appel qui, répété par les échos, parut un concert de voix célestes ou le premier chant d'âmes de chrétiens s'élevant au ciel.

Quelques minutes après, à la voix de lady R*** répond une autre voix semblant sortir des entrailles de la terre, mais partant, en réalité, d'une caverne où s'étaient entassés une dizaine de Maronites. Je ne dépeindrai pas l'état dans lequel nous trouvâmes ces martyrs : une femme se mourait, ses membres, déjà rigides, en faisaient presque un cadavre. La faim, les tortures de toutes sortes, physiques et morales, avaient réduit aux derniers abois les infortunés. Le sang qui s'échappait de leurs blessures souillait en plusieurs endroits, de taches rougeâtres, le sable de la caverne ; toutes ces figures, hâves, livides, empreintes du sceau de la misère, de la maladie et de la douleur, me rappelèrent les groupes émouvants et désolés du fameux tableau de Delacroix, *le Massacre de Scio*.

Le vieil Ibrahim, quoique blessé, se lève à notre approche, et salue lady R*** avec ce mélange de majesté et de soumission dont les Orientaux ont seuls le secret. Il la compare à un rayon de lumière qui vient chasser les ténèbres d'un cachot, à l'ange Gabriel qui accompagna Tobie, et se prosterne à ses pieds comme un esclave devant son maître.

Lady R*** le relève sans affectation, et, pour couper court à cette scène qui ne pouvait plaire à une véritable chrétienne, elle ordonne aux domestiques de distribuer des aliments aux Maronites; n'abdiquant elle-même en rien son rôle, et prenant, au contraire, le plus ingrat, elle examine les plaies des blessés, les baigne d'une eau rafraîchissante et les panse avec la sagacité d'un habile chirurgien. C'est dans ces heures de deuil et de tourment qu'il faut étudier l'âme sublime des femmes ! Ceux qui osent accuser de légèreté et de frivolité l'autre sexe, ont, aux jours de calamité, un éclatant démenti de leur ignorante assertion : le zèle, l'ardeur sans bornes des femmes surgit, alors que nous, qui nous déclarons forts, nous tombons dans l'inertie ; il y a dans leur cœur une immense aspiration d'amour et de dévouement qui fait leur grandeur et toujours leur supériorité sur nous.

Nous descendons de cheval et faisons cercle autour des Maronites : le vieil Ibrahim, dont la figure noble et souffrante nous remet en mémoire le père de Mignon, ce touchant tableau du tendre Ary Scheffer, le vieil Ibrahim se tient assis sur une pierre, au milieu de ses compagnons, comme quelque souverain déchu au milieu d'un petit nombre de sujets fidèles ; sa barbe blanche, son front découvert, son regard doux et étincelant, sa voix assurée, quoique faible, son maintien fier, quoique misérable, l'entourent d'une sorte de religieux prestige et le désignent à notre esprit comme une de ces imposantes ruines qui, bien que minées par la base, résistent à la tourmente et au déchaînement des vents.

— Je ne sais pourquoi Dieu me garde à la vie, dit-il ; rien ne me retient plus ici-bas ; le bûcheron a frappé le cèdre de sa cognée ; toutes les branches sont tombées.

Nous lui demandâmes de verser sa douleur dans notre âme, il s'y prêta volontiers, et commença ainsi le récit de ses aventures.

XI

HISTOIRE DU VIEIL IBRAHIM

J'étais un des plus riches commerçants de Deïr-el-Kamar, et peut-être le plus favorisé par la famille ; j'avais deux fils, dont le beau maintien était devenu proverbial dans la ville ; on allait même parfois jusqu'à envier mon bonheur, et, lorsqu'on voulait désigner un homme heureux, on ne manquait pas de dire : Tout lui sourit comme au vieil Ibrahim. — Il y a une dizaine d'années, mes fils avaient épousé les deux sœurs, qui étaient sans contredit les meilleures chrétiennes du pays et qui en devinrent bientôt les meilleures mères ; j'eus quatre petits-fils, qui me rappelaient mon jeune temps par leurs jeux enfantins et leur charmant babil ; il y a quelques jours, j'étais sur le pas de ma porte, tenant sur mes genoux mon Benjamin Ismaïl, et passant mes vieux doigts ridés dans les cheveux blonds de mon petit Mikhaïl, lorsque notre domestique Bakri se précipita vers moi, l'air consterné, et s'écria : « Maître, les Druses incendient la montagne, nous sommes tous perdus ! »

Cette nouvelle me frappa au cœur, comme une lame glacée ; je me levai en tremblant, et, courant à ma chambre, je pris mon yatagan, passai à ma ceinture des pistolets et appelai mes fils, qui s'apprêtaient aussi à combattre ; la rumeur sinistre s'était répandue dans la ville, et, de toutes parts, on était en armes.

Nous entendons le bruit de la fusillade qui fait retentir les échos du voisinage ; nous voyons descendre, par les chemins tortueux de la montagne, des soldats d'assassins au pas de course. — Nous nous portons à leur rencontre, et notre résistance est si opiniâtre que les Druses se voient forcés de battre en retraite ; cependant notre triomphe devait être de courte durée.

Sur ces entrefaites, le général Taër-Pacha arrive à la tête de troupes turques ; — les jeunes gens, toujours confiants, se réjouissent de la venue des soldats, qu'ils considèrent comme une protection ; la joie semble générale : les vieillards seuls conservent leur crainte.

— Eh bien ! Ibrahim, me dit-on, vous devez être maintenant tranquille sur le sort des vôtres ?

— Il faut tout redouter des musulmans, répliquai-je, surtout leur sourires.

— Père Ibrahim, disait l'un, votre bonheur s'effarouche comme la cavale qui n'a jamais vu le mors ; Dieu nous protége d'en haut, et les Turcs veillent en bas sur nous.

— Tenez, père Ibrahim, s'écriait l'autre, écoutez les paroles de Taër-Pacha.

En ce moment, en effet, un soldat publiait la proclamation du général turc.

— « Courageux habitants de Deïr-el-Kamar, disait-il, le ciel se déclare d'une manière évidente contre les Druses ; Allah ne permettra pas qu'on attaque les généreux fils de la montagne ; car nous sommes venus tout exprès pour châtier les coupables. »

Il se fit ici un hourrah d'enthousiasme qui couvrit la voix du héraut.

Le soldat continua : « Paisibles habitants de Deïr-el-Kamar, ces épées, toutes ces armes de meurtre qu'il vous a fallu prendre devant le danger ne sont pas destinées à des mains innocentes comme les vôtres, à des mains qui ont horreur du crime ! Notre présence est une barrière suffisante aux attaques des farouches ennemis, qui sauraient ce que peut notre yatagan, s'ils tentaient de nouvelles incursions dans votre belle cité ! Chassez toute terreur, déposez les armes, vos amis sont attentifs au moindre souffle qui pourrait rider l'onde pure de votre bonheur ; vivez en paix ; Allah le veut ! »

Ce discours fit une profonde impression sur le peuple, et les louanges de Taër-Pacha montèrent jusqu'aux nues.

Les chrétiens rentrent paisiblement dans leurs

demeures ; pour complaire aux Turcs, ils livrent leurs armes, et, de nouveau, reprennent leurs travaux, pleins de confiance et d'espoir ; — il se passa quelques jours de parfaite tranquillité ; cependant, à la nuit tombante du troisième jour, nous voyons rôder çà et là des figures suspectes. La crainte se glisse de nouveau dans notre âme et nous glace. Des étrangers d'allure féroce succèdent aux premiers qui s'étaient faufilés au milieu du peuple avec la ruse et la souplesse du renard. Leur nombre s'accroît avec une effrayante rapidité ; nous ne pouvons plus faire un pas sans nous trouver face à face avec un de ces misérables, qui nous comptaient déjà parmi leurs victimes. Tout à coup, le pillage commence, les Druses enfoncent les portes de nos maisons, massacrent, abattent, incendient ; tout cède, tout tombe devant eux ; épées, haches, mousquets, torches, tout est mis en œuvre pour nous exterminer.

Au lever du jour, nous nous rendons, au nombre de cinq cents, chez le gouverneur, nous lui rappelons l'engagement solennel pris par Taër-Pacha, et le supplions de faire cesser le pillage.

Le gouverneur nous tint ce discours captieux : « Généreux habitants, je partage vos alarmes et votre consternation ; personne plus que moi ne pleure sur l'épouvantable catastrophe qui vous frappe ; — mais est-il permis d'arrêter le torrent dans son cours indompté ? Est-il donné aux mortels de met-

tre un frein à la fatalité terrible des événements ?
Prions toujours Allah ! »

Il demeura un instant silencieux, comme plongé dans une mystique rêverie.

« — Malheureux que nous sommes, reprit-il ! que n'avons-nous à notre disposition quelques milliers de piastres pour assouvir la soif d'or de ces bandits et leur ordonner ensuite de partir ! »

Nous promîmes aussitôt de lui remettre la somme qu'il désignerait comme devant suffire à la cupidité de nos ennemis ; nous ouvrons nos trésors, et déposons entre ses mains cent cinquante mille piastres ; il les fait immédiatement emporter. — « Chers habitants, » nous dit-il alors, « je prends le ciel à témoin que j'ai tout mis en œuvre pour repousser les Druses ; j'y suis du reste à peu près parvenu ; cependant ils ne consentent à vendre leur retraite qu'au prix de quatre cent mille piastres ; la somme est forte, mais vous le pouvez, vous êtes riches ; et, si cet argent ne m'est pas sur le champ remis pour eux, je ne vous cache pas que d'un moment à l'autre le plus affreux carnage peut commencer ; songez aux deux cruelles alternatives et choisissez ! »

Le monstre laissait percer malgré lui toute sa fourberie ; nous le soupçonnâmes, mais, dans l'impossibilité où nous étions de nous défendre, nous nous laissâmes aller à lui remettre les dernières piastres que nous possédions.

Le gouverneur gorgé d'or, les Druses aiguisèrent leurs armes et se préparèrent à nous massacrer; je rentre dans ma maison, j'ordonne à mes fils de barricader les portes et aux femmes de se tenir prêtes pour la fuite. — On m'obéit; — déjà une de mes filles s'est enfuie par un couloir conduisant à la campagne.

Un coup de hache fait tomber en éclat une fenêtre, et vingt atroces bandits, ivres de carnage, font irruption dans la grande salle; — mes fils se précipitent résolûment sur les assassins; vains efforts! Le yatagan les étend sans vie, ainsi que ma fille, qui préfère la mort au déshonneur; on m'aperçoit, et, sans vouloir s'arrêter longtemps à un vieillard comme moi, on m'envoie un coup de feu qui me brise le bras; la douleur me fait rouler sur le sol, et je deviens le spectateur du plus abominable drame que l'imagination puisse enfanter; les Druses s'emparent de mes jeunes enfants et se disposent à s'en servir comme de jouet; un hideux soldat, tout couvert de sang, saisit le petit Mikhaïl par une jambe, le lance en l'air et le frappe d'un coup de yatagan, qui sépare la tête du tronc; en cet instant, un cri d'horreur m'échappe, les barbares y répondent par une balle qui ne fit que m'effleurer l'épaule. Un autre Druse s'empare de mon petit Ismaïl, qui, comprenant le danger, s'agenouille, demande grâce et supplie qu'on l'épargne; les tigres ne se laissent pas émouvoir, et l'un d'eux s'écrie avec un sourire de démon : — Petit chien, tu ne parleras plus ! — Il le prend, et, le retenant entre ses jambes, lui enfonce son poignard dans la bouche, et, au rire général des assassins, montre ensuite à l'extrémité du glaive, la langue du malheureux petit martyr. A la vue de ce raffinement de cruauté, mes forces m'abandonnèrent, et je perdis entièrement connaissance ; — lorsque je sortis de l'anéantissement dans lequel m'avait plongé cette série de massacres, je ne trouvai plus autour de moi que des corps raidis par les dernières contractions de la mort ; j'implorai le ciel pour qu'il permît que le tombeau de mes fils devint aussi le mien ;. j'eus la tentation de me tuer, mais je me souvins des divins préceptes du Seigneur, et je voulus vivre.

Je m'éloignai à travers la campagne, marchant au hasard, sans chercher pourtant à éviter l'épée des meurtriers ; j'arrivai au village de Marhannah, où je reçus quelques secours chez une pauvre femme ; — je me traînai de hameau en hameau, jusqu'à la porte d'un chrétien qui vous a remis ma supplique ; je comptais bien trouver une généreuse hospitalité sous un toit franc. »

Le vieil Ibrahim cessa de parler ; sa tête retomba sur sa poitrine, et des larmes abondantes couvrirent son visage.

Deux heures s'étaient écoulées depuis notre arrivée.

— Allons, nous dit lady R***, il nous faut partir, nos amis s'inquiéteraient de notre longue absence, et ces braves gens se sentiront mieux à Beyrouth qu'ici.

Les domestiques firent approcher les chameaux, qui, dociles à la voix de leur conducteur, s'agenouillèrent devant les Maronites : les blessés furent placés avec précaution sur le dos des paisibles animaux, tandis que les plus valides montèrent sur des chevaux que lady R*** avait eu le soin de faire amener; bref, une demi-heure après, la caravane se mit en route.

XII

L'ATTAQUE

Dans toute l'intensité de son feu, le soleil, au zénith, darde ses rayons sur notre front : la marche est rendue fort lente par nos nouveaux compagnons et fort pénible, à cause de cette chaleur accablante de plus de quarante degrés, avec laquelle nous ne sommes pas encore familiarisés.

Nos deux Anglais souffrent horriblement de coups de soleil qu'ils viennent de prendre en franchissant une gorge resserrée entre deux rampes de rochers : la réverbération de la lumière sur les parois de la pierre a produit sur leur peau blanche un effet instantané, et leur joue gauche est aussi rouge que la ceinture des soldats de Garibaldi. Une poussière épaisse, soulevée par le pied de nos montures, rend presque intolérable la position des cavaliers placés en arrière : aussi, avons-nous mis à la tête de la caravane les Maronites les plus malades, et, immédiatement après eux, nous avons voulu voir figurer notre admirable directrice lady R*** ; je viens ensuite, et les deux Anglais me suivent de très-près, en s'efforçant même de se placer de façon à trouver un peu d'ombre derrière moi ; malheureusement, il est environ deux heures du soir, et je regrette de ne pouvoir leur offrir que l'aumône d'une ombre bien courte.

La parole du vieux soldat d'Afrique a laissé dans notre esprit une crainte vague, et nous commençons à regretter qu'une balle n'ait pas visité les lentisques agités si étrangement par un être invisible ; — seule, lady R*** n'est pas informée de notre inquiétude, car nous avons voulu lui cacher des appréhensions qui l'auraient, à coup sûr, troublée plus pour nous que pour elle.

— Eh bien ! cher compagnon, me dit-elle, ne trouvez-vous pas qu'une entreprise généreuse procure à l'âme une jouissance ineffable, un bien-être inouï, qui semble nous venir tout droit de Dieu ?

En prononçant ces paroles, lady R*** tournait ses yeux du côté du ciel, et son front m'apparut inondé d'un éclat radieux.

— Que ne puis-je faire plus de bien ! continua-t-elle avec l'accent le plus simple, nous avons tant d'infortunés qui gémissent dans nos montagnes et qui meurent, faute d'un peu de secours ! Hélas ! je maudis, dans ces jours de tempête, ma faiblesse de femme, et, si j'étais homme, je voudrais m'élancer dans le Liban, distribuer des armes à nos frères et lutter avec eux contre les assassins.

— Madame, repris-je, il serait aujourd'hui trop

tard : la démoralisation a pénétré dans les rangs des Maronites, et l'on doit moins songer à faire la guerre qu'à ravir des victimes à la cruauté des Druses.

—Je le comprends, répondit tristement lady R***, mais, au moins, puisque notre rôle de chrétiens est d'arracher aux Druses le plus de Maronites possible, ne demeurons pas dans l'inaction pendant que nos frères sont massacrés à nos portes ! Je nourris depuis plusieurs semaines un vaste projet, et je vous y associe : votre cœur est ouvert aux nobles penchants, je l'ai lu, dès le premier jour, dans vos yeux, sur votre front, dans l'accent de votre voix et surtout dans vos paroles ; — j'ignore si vous avez la foi qui mène l'homme comme par la main, mais vous avez peut-être, plus que tout autre, la religion de l'âme ; — cette religion intime qui, s'adressant à la conscience, nous fait haïr le le mal et nous passionne pour le bien. Ma sympathie pour le malheur a reconnu votre âme pour la sœur de la mienne : — unissons nos efforts, comme maintenant nos larmes, et, si nous ne pouvons immédiatement entraîner l'Occident dans une pieuse croisade, réunissons au moins une petite cohorte de braves qui porteront aux martyrs de la veille le pain de la consolation, et qui sauveront peut-être les martyrs du lendemain !

Il fallut briser là cette conversation, car le sentier, trop peu large, nous obligea à nous écarter et à reprendre notre position respective.

Nous suivons un sentier généralement sinueux, tracé sur une rampe abrupte couverte d'asphodèles et de ces plantes aux larges feuilles si nombreuses dans les pays chauds ; — çà et là, des rocs gigantesques, colorés de tons roussâtres, se dressent, s'avancent au-dessus de la route, et d'épais bouquets de caroubiers et de cyprès bornent brusquement la vue comme de véritables murailles ; le vent, qui soulève des tourbillons incessants de poussière, nous enveloppe d'un nuage épais, et dérobe à nos regards le commencement de la caravane. — Tout à coup nous entendons la détonation très-rapprochée de plusieurs coups de feu, et immédiatement des cris déchirants de détresse et d'appel parviennent jusqu'à nos oreilles ; — nul doute, nous sommes attaqués par les Druses : nous armons à la hâte nos fusils et nos pistolets, nous nous élançons en avant, au secours de nos compagnons, et, du milieu des flots de poussière qui nous entourent, nous distinguons une dizaine de Druses embusqués dans un massif de cyprès et admirablement placés pour nous tuer tous les uns après les autres.

Les balles sifflent : l'une d'elles perce l'oreille de mon cheval, qui pousse un cri de douleur, se cabre et menace de me renverser. Lady R***, tout à l'heure sœur de charité, combat maintenant à côté de nous. Nos Anglais font bonne contenance (moins peut-être par conviction politique que par intérêt personnel). Quant aux Français, aux Espagnols et aux Italiens, ils se mêlent à l'action avec cet élan, cette impétuosité qui demeurera toujours le propre de la vieille race latine. L'empressement que nous mettons, pour la plupart, à répondre à l'ennemi, nous fait perdre une grande partie de notre puissance ; nous tirons vite, presque au hasard ; les coups de feu retentissent, se suivent sans intervalle, et nous lançons plus de poudre au vent que de balles à l'ennemi. Les Druses prennent peu à peu le dessus, manquent rarement le but qu'ils se proposent d'atteindre, et nous privent en quelques minutes de la moitié de nos compagnons.

— Par tous les diables de l'enfer, s'écrie notre vieux soldat d'Afrique en son langage militaire, voilà des gredins qui nous plument comme une volée de perdreaux. — Charge aux Druses ! charge aux Druses !

Nous répétons tous, — sans en avoir même conscience, — le cri guerrier du vieux militaire Godefroy, et, sans mesurer l'immense danger auquel nous nous exposons, emportés par une sorte d'impulsion magnétique, de force vertigineuse, nous poussons nos chevaux dans les hautes herbes ; nous nous précipitons, le yatagan au poing, du côté même d'où partent les balles ! Aussi rapides que l'ouragan, nous fondons sur les cyprès qui masquaient les Druses, et frappons les assassins à coups redoublés, comme un vil troupeau d'hyènes.

Surpris de cette agression subite, de cette manière de combattre si imprévue, si étrange pour eux, les Druses se séparent, se jettent précipitamment dans les bas côtés, perdent une partie de leurs armes et s'enfuient vers les gorges les plus voisines de la montagne.

L'ennemi était repoussé, nous avions à compter les morts. En revenant sur nos pas, nous trouvâmes en proie à l'agonie deux Maronites qui avaient voulu combattre malgré leurs blessures, et, plus loin, un spectacle encore plus navrant pour moi m'était réservé : lady R***, l'héroïne de la journée, lady R***, avec qui je m'entretenais, quelques minutes auparavant, de projets et d'espoir, était étendue sur le sol, couverte de sang et de poussière ; une balle l'avait frappée à l'épaule gauche. Le coup l'avait renversée de son cheval, et la chute, jointe à sa blessure, semblait avoir brisé cette existence déjà si noblement remplie, mais qui promettait tant encore ! Il est certains tableaux que la plume et le pinceau sont incapables de rendre ; nous fîmes cercle autour de notre vaillante amie et cherchâmes à la ranimer ; mais sa respiration était courte, ses yeux s'ouvraient avec peine, ses membres, presque raides s'agitaient convulsivement, les mots qui partaient de ses lèvres étaient inarticulés et ne révélaient que trop le trouble profond de son esprit.

Nous la plaçâmes sur un brancard fait à la hâte

avec des branches d'arbres; nous l'entourâmes de feuillage pour la préserver de la piqûre des insectes et de l'ardeur du soleil, et partîmes du côté de Beyrouth.

En entrant dans la ville, lady R*** a recouvré ses sens et nous a parlé. Sa blessure est de la dernière gravité, et nous désespérons de ses jours; plusieurs médecins l'assistent; tous les chrétiens prient pour elle!

XIII

LE PORTRAIT

9 juillet.

Bonne nouvelle! J'ai pu voir lady R***, et son sourire délicieux semble m'avoir annoncé qu'elle ne nous quitterait pas encore pour le royaume des anges, où elle trouvera un jour une si glorieuse place; sa santé s'améliore d'heure en heure, et les nombreux médecins qui l'entourent, donnent sa guérison comme certaine. Je veux bien croire à leur science, mais que la faculté me le pardonne, j'attends néanmoins tout de la nature. Le fameux Ambroise Paré, qui était pourtant grand médecin, le disait lui-même après une cure heureuse : — « j'ai soigné cet homme, Dieu l'a guéri. »

J'ai visité le bouillant John Speck, qui est de plus en plus irrité contre les Druses, contre les musulmans et contre lui-même; — il tempête, il rugit, il flamboie; j'ai déjà rencontré sur ma route plus d'un original, mais peu du caractère excentrique de John Speck. — Eh bien! dussé-je être mis au ban des trois royaumes, je préfère l'incandescence bizarre, même brutale de son âme, au flegme britannique, qui n'est ébranlé par rien et qui se ferait même, le cas échéant, un scrupule de paraître ému. Le cœur, malgré ses égarements, est un feu céleste, qui tend à devenir trop rare parmi nous pour ne pas être considéré avec respect. — Je connais, il est vrai, le désavantage immense qu'ont les hommes de cœur sur ceux qui en possèdent peu ; ceux-là se brisent, se consument, tandis que ceux-ci jouissent d'une parfaite quiétude et arrivent presque invariablement à leur but ; mais, si ces derniers ne sont pas capables de grandes erreurs, ils ne sont pas non plus aptes aux grandes actions ; à tout prendre, il vaut mieux tomber aujourd'hui dans un précipice et planer demain au-dessus des montagnes !

Cela dit, ami lecteur, accompagnez-moi sur le quai de Beyrouth, où je me suis rendu avec mon album en sortant de chez John Speck, et veuillez regarder la foule qui se presse autour de moi, surprise de ma dextérité de dessinateur et surtout fort étonnée de voir un Européen s'occuper de pareilles vétilles. J'ai déjà *croqué* deux Métualis, un Ansarieh, une huitaine d'Arabes et un affreux Juif, qui m'a rappelé le fameux Schylock de Shakespeare ; les Turcs paraissent médiocrement satisfaits de mon installation ; — je les préoccupe, je déroute toutes leurs conjectures ; peut-être la diplomatie de M. Cahlben commence-t-elle à produire son effet.

Un grand Turc osseux, louche, de fort mauvaise tournure, et que je m'honore de ne jamais avoir vu auparavant, est venu tout droit à moi, et, prenant sans façon mon carton, il a parcouru de l'œil et de la main toutes les têtes musulmanes que j'ai crayonnées, puis m'a dit assez brusquement, en en prenant une :

— Allons, voici mon portrait; donne-le-moi, et, sans attendre de réponse, il a fait main basse sur le portrait d'un énorme Métuali. (Notez bien que le malheureux est d'une maigreur pitoyable.)

— Mon ami, tu te trompes, lui ai-je répondu, je n'ai jamais pu faire ton portrait, puisque c'est la première fois que je te vois.

— Comment donc ! puisque je le prends, tu l'as fait, repartit avec assurance le musulman en le plaçant sous son bras.

— Mais, repris-je, tu fais erreur : tu emportes le portrait de Mohammed le Métuali : il est gras et tu es maigre, il regarde les gens en face, et tu les envisages de travers ; il a la barbe en pointe et tu l'as en fourche ; — il a le nez court et tu l'as long ; je te proteste que ce portrait n'est pas le tien.

— Par Allah ! tu veux me tromper, c'est bien mon portrait et je l'emporte ; — regarde plutôt si ce n'est pas mon turban ?

— Allons, me dis-je en moi-même, me trouvant incapable de détromper cet absurde personnage et en le laissant partir, on voit bien que tous les Turcs son frères, et il faut convenir, du reste, qu'au moral ils ne se ressemblent que trop.

XIV

UN REPAS MUSULMAN OU COMME ON N'EN VOIT GUÈRE

10 juillet.

Au milieu de nos inquiétudes, on peut croire que nous songions médiocrement aux repas ; cependant, nous en avons eu un trop caractéristique pour que je n'aie pas la tentation d'en entretenir mes nouveaux amis les lecteurs.

Parmi les visiteurs de la maison de M. Cahlben, je remarquai, dès le premier jour, un effendi turc qui passe pour un grand savant, — grâce sans doute à l'ignorance de ses compatriotes. — Abou-Khazen est d'une intégrité à toute épreuve, mais d'une lésinerie proverbiale ; il observe fidèlement le Koran, et surtout veille à ce que toute sa maison suive scrupuleusement le jeûne du Rhamadan ; c'est bien, au physique, le plus singulier musulman que je connaisse ; il est maigre à faire peine, et porte sur le nez d'énormes besicles de cuivre qui remontent à deux siècles ; sa barbe grisonnante, qu'il laisse flotter sur sa poitrine, est un abri pour certaines petites familles qui y croissent et y multiplient en paix. Sa peau est plus jaune et surtout plus noire que celle de la plupart des musulmans, et pour cause, car on peut soupçonner Abou-Khazen d'être plus sévère sur le chapitre du jeûne que sur celui des ablutions. — Sa taille est élevée, son corps long et perdu dans une grande robe de couleur sombre, dont les plis retombent autour de lui comme ceux d'une voile usée autour d'un vieux mât.

Malgré ses défauts, Abou-Khazen a l'estime de mon ami Cahlben, parce qu'il est honnête, quoique Turc.

Comme bien des gens, le vieil effendi est maniaque sur plus d'un point, mais il est à coup sûr plus scrupuleux que beaucoup d'autres sur le compte de la probité : il est homme à se reprocher éternellement d'avoir dérobé un fétu de paille, et ne consentirait jamais à recevoir une pêche s'il n'espérait pas pouvoir donner en échange une figue ; un fait entre mille montrera la bizarrerie du bonhomme : il se trouvait un jour dans le cabinet de M. Cahlben, à côté d'un bureau sur lequel il vit un petit canif en ivoire ; l'instrument flatta ses regards et le tenta d'une manière si évidente que M. Cahlben s'en aperçut et le lui offrit.

— Non pas, exclama énergiquement Abou-Khazen ; je ne veux rien accepter.

M. Cahlben insista.

— Eh bien, reprit l'effendi, vendez-le moi?

— Allons, Abou-Khazen, l'objet est d'une trop minime valeur.

— N'importe! répondit le musulman, je l'achète, si vous consentez à vous en défaire; sans cela, n'en parlons plus.

Pour le satisfaire, M. Cahlben mit à prix le canif un para (10 cent.), et le musulman partit enchanté d'avoir fait un si bon marché sans se trouver dans l'obligation d'en être reconnaissant.

Par malheur pour sa tranquillité, le bon effendi a une fâcheuse passion : il aime éperdûment les livres. — J'avais entre les mains un roman d'un certain vicomte français (une de ces œuvres de poids qu'on se garde bien de lire le soir de peur des rêves creux). J'en fis l'abandon au vieux musulman, qui le reçut avec les marques les plus vives de contentement; M. Cahlben lui avait apporté de France une dizaine de gros volumes indigestes; en présence de pareils cadeaux, il devenait de première nécessité de nous appliquer la peine du talion, et Abou-Khazen s'y résolut apparemment, car il nous engagea solennellement à un repas.

Nous nous rendîmes chez lui à l'heure indiquée, et, à notre grand désappointement, on nous fit d'abord promener dans un jardin : — le fils de l'effendi nous conduisit au milieu des sycomores et des térébinthes, et nous fit admirer du haut d'une terrasse la cime rougeâtre du Sannin, perdue dans une éternelle région de lumière... Deux heures s'étaient écoulées, l'effendi apparut enfin, nous témoigna sa profonde contrariété et nous supplia, en attendant le repas, de prendre quelques figues qui pendaient aux arbres; mais leur nombre était si restreint que nous eûmes, en un clin d'œil, dépeuplé les figuiers de leurs fruits mûrs et verts. — Cependant l'effendi, jugeant qu'il ne pouvait temporiser plus longtemps, nous conduisit dans une salle basse autour d'une natte élevée d'un pied au-dessus du sol, se plaça silencieusement entre nous deux et commença à nous traiter à la turque.

— Mes chers effendis, nous dit-il avec un sourire empreint d'aménité, j'ai tout mis en œuvre pour que mon cuisinier fût digne de ses hôtes, et j'ai fait des folies pour vous plaire.

Comme complément à ces paroles, il fit passer devant nous un plateau dressé avec élégance et chargé des mets en apparence les plus exquis; — à côté du pilau, figuraient, au milieu d'une sauce aromatique, des tranches de mouton découpées avec art; — notre appétit s'en réjouissait, et notre bras s'étendait instinctivement du côté du plateau; le vieux Turc ne perdit pas de vue un seul de nos mouvements.

— Ah! savants maîtres, nous dit-il en faisant peser amicalement sa main sur notre bras, jamais, au grand jamais, dussé-je vivre autant qu'un patriarche, je n'oublierai l'honneur insigne que vous me faites, en voulant bien accepter mon repas.

Pendant cette gracieuse ouverture, un geste de notre Turc avait fait disparaître le plateau ; mais nous fûmes bientôt consolés de ce malencontre par l'apparition d'un très-beau poulet. La volatile fut découpée ou plutôt déchiquetée devant nous par les doigts malpropres de notre hôte ; inutile de dire que ce procédé nous contraria.

— Ah ! mes très-chers, nous dit alors l'effendi, je vous sais fins connaisseurs, — vous êtes Français, — goûtez ce poulet que j'ai nourri du meilleur de mon riz ; le moindre blanc de ses ailes me coûte plus de quinze paras, et je gage que cette superbe cuisse vaut à elle seule plus de vingt paras ; je me réjouis de vous le faire apprécier...

Qu'auriez vous fait, amis lecteurs ? — refusé ? c'est ce que nous fîmes, et pourtant notre appétit nous tourmentait démesurément.

— Allons, pensâmes-nous, en examinant de superbes préparatifs de dessert, voilà qui nous dédommagera au moins de nos premières mésaventures, et, pour que les gâteaux et les fruits ne nous échappassent pas, nous fîmes résolûment signe au domestique de nous les présenter :

— Ah ! mes chers amis, nous dit le vieux musulman avec l'accent de la plus amère tristesse, faites-moi donc la grâce de prendre ces fruits et ces gâteaux, qui ne trouveraient guère d'amateurs aujourd'hui parmi les Arabes et les Turcs !

— Par le ciel que voulez-vous dire? criâmes-nous à notre hôte.

— Eh ! mes très-chers, ne savez vous pas qu'Allah nous envoie le choléra; j'ai vu ce matin même mourir de l'affreuse maladie trois de mes voisins, hier encore pleins de vie.

Nous éprouvâmes un serrement de cœur, et notre appétit fut définitivement coupé ; le vieil effendi était arrivé à ses fins, le repas était terminé et nous n'avions pas pris une bouchée.

En sortant de la salle, un jeune serviteur à la physionomie pleine de finesse, qui nous avait fait les honneurs du repas, s'approcha de moi en cherchant à éviter l'attention d'Abou-Khazen et me glissa ces mots à l'oreille :

— Seigneur, prenez-moi à votre service.

— Pardieu ! mon cher, ne te trouves-tu pas bien ici?

— Oh ! seigneur, mon maître est un fort honnête homme, mais, à son service, je ne pourrais survivre au second Rhamadan.

— Eh ! bien, viens me voir demain.

XV

AVENTURES ET MÉSAVENTURES D'AMROU GIL-BLAS

11 juillet.

Le jeune serviteur fut fidèle au rendez-vous; je m'informai de ses talents, et lui demandai s'il connaissait assez bien les chemins du Liban pour me servir de moukre ou de conducteur; — il me répondit affirmativement, et m'assura que sa vie passée le mettait à même d'apprécier les hommes et les choses. Je le considérai alors avec attention, et je fus surpris de la beauté de ses traits, de l'expression mâle de sa physionomie. — Ses yeux noirs, à demi voilés par une frange de longs cils, ses sourcils parfaitement arqués, sa moustache fine, son large front, sa taille bien prise, en faisaient un trop beau modèle, pour que je ne saisisse pas l'occasion de m'en emparer; — je pris mes crayons, et, pour que sa physionomie ne fût en rien altérée par les préoccupations de la pose, je l'invitai à me raconter son histoire ; — sans hésiter, il me fit le récit suivant :

— Je me nomme Amrou ; je naquis dans la belle cité d'Acre, que baigne la Méditerranée ; mon père, qui tenait un café fort bien achalandé, m'éleva dans la crainte d'Allah et du vin ; il était intraitable sur ce dernier point et me disait souvent : « Souviens-toi de ces préceptes, Amrou : tuer un mécréant est une action peu honorable ; manger avec une fourchette est toujours inconvenant ; se servir d'un parapluie déplaît souverainement à Mahomet ; salir ses babouches est d'une indécence grave ; voler un Turc est un cas impardonnable ; mais boire du vin, c'est un crime ! »

En ma qualité de second fils, il me fallut remplir dans la maison le rôle de premier serviteur ; je portais les tabourets aux fumeurs, fournissais de tombac les habitués, et préparais le narguilé ; je m'acquittai si scrupuleusement de mes fonctions que mon père me dit un jour :

— Amrou, je suis content de toi ; — ton chemin est tout tracé : reste dans la maison, et, lorsque ton frère en prendra la direction, je m'engage à ce qu'il te garde comme son aide : tu auras ton logement, les vivres et le narguilé. »

A moitié satisfait de cet arrangement, je priai mon père, s'il voulait faire présentement de moi un homme heureux, d'être moins économe de paras à mon égard.

— Amrou, me dit-il, l'argent est un tentateur, Allah protége ceux qui savent s'en passer !

La nécessité d'avoir quelques pièces de monnaie me fit commettre une impiété qu'Allah me pardonnera peut-être, mais mon père jamais.

Voici le fait tel qu'il se passa : deux Turcs s'entretenaient un jour, chez mon père, fort chaudement, de la supériorité des Européens sur les Orientaux ; l'un deux avait voyagé en Occident et en était revenu émerveillé.

— En vérité, disait-il, les Francs sont plus intelligents que nous : ils savent vous tromper sans que vous mettiez en doute leur bonne foi !

— Les Francs, répliquait l'autre, sont plus savants que nous : j'ai vu un de ces mécréants écrire tout en conversant.

— Eh bien ! reprit le premier résolûment, sais-tu comment ces maudits Francs acquièrent la science ?

— Non.

— C'est en buvant du vin.

— Allah Kirim ! Il ne tient donc qu'à nous de les imiter, répondit l'autre musulman.

Les deux Turcs, désireux de s'abreuver de science en délectant du vin, s'adressèrent à mon père, qui refusa obstinément de leur en procurer ; (il se trouvait, pour tout dire, en ce moment, dans le café, un imam (prêtre) et deux muezzins). Ils eurent recours à moi, me promirent vingt paras, et surent si habilement m'ébranler, que je courus à travers la ville pour me procurer un flacon de vin de Chypre ; — l'acte accompli, je revins en toute hâte à la maison, où se trouvait précisément le cadi, grand homme qui, — en public, — n'avait jamais commis la moindre infraction aux lois.

Je dissimulai adroitement la bouteille derrière mon dos et me tins du côté de la muraille, tout en saluant respectueusement le juge ; — le cadi lut probablement mon embarras dans mon maintien, car, après m'avoir souhaité la paix éternelle, il me demanda pourquoi je cachais mon bras ; voulant écarter ses soupçons, je lui montrai, par un manége facile à comprendre, d'abord la main droite, ensuite la main gauche, — ce qui ne le satisfit pas du tout.

— Montre-moi, me dit il, tes deux mains ensemble.

— J'obéis, et, m'appuyant sur le mur, je retins le flacon par la pression ; je crus toucher à la fin de l'inquisition, je n'étais qu'à son début.

— Approche-toi de moi, dit sévèrement le cadi.

Dissimuler plus longtemps était impossible, et la bouteille apparut aux yeux de tous ; il y eut un hourrah d'indignation ; — les deux musulmans qui m'avaient naguère poussé au méfait furent les premiers à m'apostropher cruellement sur mon crime.

Je ne perdis pas ma présence d'esprit et tentai de me tirer de ce mauvais pas.

— Excellence, ce n'est pas du vin, dis-je avec assurance, mais de l'huile.

— Comment ! reprit le cadi fort surpris, et cette couleur, est-ce celle de l'huile ?

—Ah ! répliquai-je, excellence, elle a eu honte et c'est ce qui l'a fait rougir.

Le juge, qui ne s'attendait pas à pareille réponse, fut tellement dérouté, qu'il s'en alla confondu, en oubliant de solder les frais de sa consommation. Mon père apprit l'aventure, m'accusa de trahison et d'impiété, et, en fin de compte, me mit à la porte de chez lui.

Je pris assez courageusement mon parti ; je fis un paquet de mes hardes et me mis en route pour Saïda, qu'habitait depuis quelques années le meilleur de mes amis d'enfance. Sachant que son père figurait parmi les plus opulents personnages de la ville, je fis reposer mon plus grand espoir sur sa générosité, et, en entrant à Saïda, je m'informai sans délai de la demeure du riche Abou-Husseïn, dont on ne prononçait pas le nom vénéré sans se courber deux fois sur soi-même ; je m'imaginai qu'un homme si honoré ne pouvait être que charitable, et, tout en retournant cette pensée flatteuse dans mon esprit, je m'acheminai vers le palais du célèbre musulman, où je fus reçu par un nègre, qui, vu l'état de mes babouches, m'intima l'ordre de ne plus mettre les pieds dans la demeure du seigneur Abou-Husseïn ; cependant je parvins à éviter la surveillance du terrible gardien, et me jetai dans les bras de mon ami, qui m'accueillit avec les plus tendres marques de tendresse, mais m'avoua que, dans la position présente de ses affaires, il lui était de toute impossibilité de me venir en aide; il voulut bien me conduire vers son père, m'assurant que le seigneur Abou-Husseïn ferait tout ce qu'il pourrait au monde pour m'être utile.

Abou-Husseïn était au bord de sa terrasse, dans l'attitude d'un calme parfait, aspirant insoucieusement quelques bouffées de tabac, portant son regard sur la vallée et sur l'horizon limpide de la mer. Les flots d'une barbe blanche comme la neige inondaient sa poitrine; quand ses yeux noirs et pénétrants s'arrêtèrent sur moi et qu'il s'inclina avec un sourire, il me sembla que je n'avais jamais vu d'aussi imposante image de la majesté. — Je lui fis un récit émouvant de mes malheurs, et lui demandai en tremblant un secours de dix piastres que je m'engageais sur la vie à lui rendre trois mois après.

— Jeune homme, me dit-il, je vous remercie d'avoir songé à moi, car je sais compatir à tous les malheurs.

Cette noble phrase me transporta d'un si grand bonheur que je fus sur le point de me précipiter aux pieds d'Abou-Husseïn pour lui rendre grâce; mais, en ce moment, il glissa un mot à l'un de ses esclaves, qui se rendit dans une salle voisine et en rapporta un grand livre.

— Vous paraissez intelligent, continua-t-il, et j'espère que les conseils d'un homme qui a voyagé dans la vie vous seront profitables; ouvrez mon livre de raison, et lisez.

Les feuillets de l'énorme volume furent tournés devant moi : à chaque page, je voyais inscrits des noms de musulmans et, en face, le mot *demandes*, avec l'indication de sommes qui variaient depuis une piastre jusqu'à mille; mon front en cet instant dut s'illuminer de joie, car je pressentais que le riche Abou-Husseïn ne m'avait fait prendre connaissance de son grand livre que dans l'intention d'y placer aussi mon nom.

Je me reprochais déjà de ne pas être à ses genoux lorsqu'il me dit en souriant :

— Jeune homme, regardez à la dernière page.

J'obéis et vis avec stupeur le total complet des sommes s'élevant à quatre cent soixante mille piastres.

— Eh bien! mon jeune ami, comprenez-vous maintenant que, si j'avais ouvert sottement ma bourse à toutes les demandes, j'aurais depuis longtemps perdu tout mon bien, et qu'au lieu de me reposer dans mon palais, je serais à l'heure qu'il est le premier mendiant de Saïda; profitez de cette leçon pour vous-même, et, si vous aspirez jamais à devenir riche, apprenez que le premier point est moins d'empiler des sequins que de ne pas en verser mal à propos ; — je souhaite de tout mon cœur qu'Allah vous protége.

Je partis, assez stupéfait de ma déconvenue, et me promettant bien à l'avenir de ne frapper, en cas de malheur, qu'à la porte des malheureux.

Me voyant privé de tout secours à Saïda, je pris tristement la route de Beyrouth, dans l'espoir d'une meilleure fortune ; à quelques berris de la ville, je fis la rencontre d'un musulman de fort noble apparence, mais qui montait un cheval si épuisé de fatigue qu'il menaçait à chaque instant de plier sur lui-même.

Comme le cavalier allait au pas, nous fîmes route ensemble.

— Ah ! me dit-il, a-t-on jamais rencontré un homme plus infortuné que moi ? J'ai fait serment de ne pas descendre de ma monture avant d'avoir été fidèle à un engagement, et il m'est impossible de le satisfaire ; j'ai juré par Allah, rien ne peut me délier de mon serment, et je vais mourir sur mon cheval.

— Excellence, si j'ai bien compris, vous avez juré de ne pas descendre de votre cheval ?

— Oui, répondit tristement le voyageur.

— Eh bien ! repris-je, j'ai le moyen de vous affranchir, sans vous faire manquer à la loi sacrée du serment.

— Généreux jeune homme, s'écria le cavalier,

je jure, au nom d'Allah, de vous accorder tout ce que vous réclamerez de moi, si vous me déliez de cet affreux serment.

— Excellence, répliquai-je, j'accepte et je vais présentement vous délivrer.

Je montai sur une grande pierre qui faisait saillie sur le chemin, le priai d'approcher, et, le prenant vigoureusement par les deux bras, je le plaçai sur mes épaules et le fis ensuite descendre à terre ; le serment n'avait pas été violé, puisque le cavalier au lieu de descendre de son cheval, avait été obligé de s'élever encore en se mettant sur mes épaules. Il ne s'agissait que de s'entendre.

— Eh bien, lui dis-je, pensez à moi, Excellence, et trouvez-moi un bon emploi à Beyrouth ?

— Quelque temps après, mes bons seigneurs, continua-t-il, en s'adressant à M. Cahlben et à moi, grâce au cavalier, j'entrai chez l'affendi Abou-Khazen, pour y vivre ; mais, à la marche qu'il me faut prendre, je crains bien d'y mourir, si l'un de vous ne consent pas à m'avoir pour serviteur.

Le jeune Amrou me regardait alors d'un air si suppliant, que je consentis à me l'attacher ; j'avais l'intention de m'enfoncer dans le Liban, et je l'instituai mon moukre.

XVI

**PRÉPARATIFS DE DÉPART POUR LA MONTAGNE
— L'ADRESSE DE JOHN SPECK**

11 juillet.

Le paquebot qui vient de mouiller dans la rade, nous a apporté la nouvelle d'un prompt secours de la France ; — la seule nation qui soit charitable par cœur et non par politique, ne pouvait demeurer froide aux malheurs des Maronites ; avant peu, nous entendrons retentir en Syrie le chant guerrier de la mère de l'empereur, et nos soldats, dont l'épée châtie sans chercher jamais la vengeance, rétabliront l'ordre dans les montagnes du Liban.

Un poste m'est assuré : j'accompagnerai nos troupes et peindrai leurs combats ; mais je veux auparavant répondre à la bonne opinion que lady R*** a paru avoir de mon cœur ; j'irai secourir les Maronites ; il tarde trop aussi à mes sentiments d'artiste de connaître les replis du Liban et de m'abriter sous les cèdres, pour que je ne tente pas immédiatement une excursion dans la montagne ; peut-être trouverai-je sur ma route bien des larmes à sécher et plus d'une souffrance à partager.

Je n'entreprends pas sans escorte cette audacieuse excursion ; Amrou nous servira de guide, et trente braves Arabes de Beyrouth armés comme des Druses, c'est-à-dire jusqu'aux dents, seront notre escorte ; les quatre Anglais avec qui nous avons fait la traversée nous accompagnent, et font des vœux pour que nous ayons quelque épisode émouvant ; — depuis mon arrivée, je n'ai pas revu mes trois Allemands, qui sont, dit-on, partis résolûment, armés de leurs boîtes à herbiers.

Quoique encore souffrant, John Speck, en apprenant mon projet, s'est précipité chez moi, suivi d'un jeune Turc, dans l'intention de me montrer son adresse et le bénéfice que nous pourrons tirer de sa présence.

— Mon cher, m'a-t-il dit, en agitant un magnifique révolver, cette arme et moi nous ne faisons qu'un.

Puis, comme corollaire de ces paroles, il a ordonné au jeune Turc de s'éloigner de vingt pas, et, lui lançant une piastre, il lui a dit en trois mots expressifs ce que je suis obligé de traduire en une phrase complète pour plus de clarté :

— Lève ton bras ; prends entre le pouce et l'indicateur cette piastre ; c'est une cible pour moi ; dans tous les cas, la pièce est à toi.

Le jeune Turc a paru fort satisfait de la proposition ; il ne redoute rien, car il est dit : Ce n'est pas la balle qui tue, mais la destinée.

John Speck, armé de son révolver, tend le bras, abaisse le canon en moins de temps qu'il n'en faut pour le dire; il vise, le coup part, le jeune Turc demeure impassible dans sa position de statue ; — que s'est-il passé? Rien, au grand désappointement de l'Américain ; la pièce brille toujours entre les doigts du musulman, et la balle est allée se loger à trente centimètres au-dessus du but; — John Speck veut recommencer l'épreuve, mais le jeune musulman enfouit la piastre dans son gousset et abandonne la place, car il est dit aussi qu'il ne faut pas tenter le destin.

En dépit de son mécompte, John Speck ne m'en assure pas moins qu'au tir Devisme il ne manquerait pas une mouche.

XVII

EXCURSION DANS LA MONTAGNE — UN INCONNU BIENTOT CONNU

12 juillet.

A quatre heures du matin, nous quittons Beyrouth : le soleil dore le sommet des montagnes, et les grandes ombres du Liban se dessinent vigoureusement dans les vallées; çà et là, de légères vapeurs se dégagent des gorges, et, poussées par la brise du matin, caressent la cime des montagnes pour se perdre ensuite dans des flots de lumière.

Le sentier que nous fait suivre Amrou est bordé de caroubiers, de térébinthes et de chênes; d'un côté, se dressent en gradins majestueux, dans une sublime confusion, des amas de rochers, et, de l'autre, s'ouvrent des précipices sans fond; nous chevauchons dans un étroit sentier qui se déroule autour du Liban comme une ceinture blanche. Toutes les fois que les vallées se resserrent et que notre vue est arrêtée par les pentes abruptes, nous prêtons une oreille attentive pour saisir les moindres bruits qui pourraient nous révéler la présence des ennemis.

C'est un spectacle curieux que celui de notre cavalcade, s'avançant hardiment au milieu de ces territoires naguère dévastés par les Druses, maintenant plongés dans un silence de mort ; — de temps à autre, nous distinguons des vestiges de village, des couvents en ruine d'où s'échappe encore de la fumée ; nous découvrons, aux ronces, des lambeaux de vêtements, et parfois, au milieu des hautes herbes, nous remarquons des cadavres à moitié dévorés par des chacals.

Je viens par moment à maudire mon imprudente tentative, en songeant à l'issue fatale de notre première excursion et au grand péril que je fais courir à ceux qui m'entourent ; mais l'aspect fier et presque imposant de notre cavalcade me rassure ; nos soldats ont une tenue à intimider les plus braves ; leur front est entouré du keffié, fortement retenu par une corde dont les bouts retombent sur les épaules ; autour de leur cou, s'enroule le haïk, sorte de manteau rayé blanc et noir ; à leur ceinture brillent la poignée de longs pistolets et la lame pointue du yatagan ; ils tiennent à leur main droite des lances de douze à quinze pieds, ornées de glands et de bouquets de laine rouge ; les chevaux arabes qu'ils montent frémissent sous l'éperon, ouvrent leurs naseaux ardents et blanchissent le mors de leur écume.

Après cinq heures de marche, nous nous reposons à l'ombre d'un grand cèdre, à peu de distance d'une fontaine qui coule aux pieds de caroubiers et de sycomores; l'endroit nous paraît favorable pour une halte; deux Arabes préparent des vivres, et d'autres disposent des tentes.

Deux heures venaient de s'écouler; les Arabes, étendus sur le sol, promenaient sans doute leur pensée dans le paradis de Mahomet; — nos Anglais apparaissaient de temps à autre sur les rochers les plus inaccessibles, et leur long corps se découpait en silhouette sur le ciel bleu; John Speck, le révolver à la main, marchait à la découverte, du côté d'un village en ruine, tandis que moi, perdu dans une muette contemplation devant cette nature grandiose, j'admirais les panoramas du Liban, et surtout ces merveilleux effets de lumière qui m'ont toujours si puissamment captivé; tout-à-coup, je fus tiré de mes rêveries d'artiste par un cri d'appel, mes yeux se tournèrent avec inquiétude du côté de la voix mystérieuse qui sortait, à une centaine de mètres plus loin, du fond d'un épais bouquet d'aubépines et de térébinthes; — je réveillai Amrou, et le priai de me suivre; craignant quelque surprise, nous armâmes nos pistolets, et nous dirigeâmes vers le point d'où partaient les cris.

Bientôt, la triste vérité se fit; nous vîmes se traîner devant nous un homme d'une trentaine d'années, — couvert de haillons, les pieds en sang, le visage pour ainsi dire tailladé par les blessures; le malheureux ressemblait moins à un vivant qu'à un mort; nous le portâmes sous notre tente et l'entourâmes de soins si empressés que la vie reparut bientôt en lui; sa fatigue était en réalité plus grande que son mal, et la privation de nourriture augmentait surtout ses souffrances.

Le soir, l'infortuné, qui parlait français, quoique avec un affreux accent auvergnat, avait complètement repris ses sens et pouvait assez gaîment partager notre collation; — quelques gouttes de vin d'Espagne achevèrent de rétablir le pauvre garçon, qui se prêta très-volontiers à toutes nos interrogations.

— Messieurs, nous dit-il, la science est la cause de tous mes malheurs.

Nous lui demandâmes de s'expliquer.

— Oui, reprit-il, elle présida au choix de mon nom et elle s'est montrée bien maladroite : je m'appelle Chrysostôme Mauriac; la fatalité a voulu que ma mère (et la pauvre femme n'en savait pas bien long), la fatalité a voulu que ma mère sût lire dans l'almanach, et comme je naquis le jour de la fête de saint Jean Chrysostôme, je reçus sans hésitation le nom du grand patron; ce n'était que le commencement de ma méchante fortune; lorsque mes parents, qui étaient de braves chaudronniers d'Aurillac, me mirent à l'école, j'eus le malheur de savoir lire six mois plus tôt que mes jeunes camarades; aussi, eus-je l'honneur insigne d'avoir une bourse au collége de la ville; — ma mauvaise étoile voulut que j'eusse des dispositions pour l'histoire, le grec et le latin ; mon pauvre cerveau fut tellement bourré de faits, de dates, d'expressions grecques et latines, que j'eus en rhétorique un triomphe qui fait encore époque au collége d'Aurillac, mais qui me valut alors une terrible fièvre cérébrale. — Mes classes terminées, un vieillard qui avait la monomanie de l'archéologie, pensa que je pourrais être un secrétaire utile et me fit composer ses mémoires; je pris part, — pour la gloire de mon maître, — à toutes les questions en litige, et lançai des absurdités qui furent jugées comme autant d'ingénieuses hardiesses par.... l'Académie d'Aurillac.

Il y avait alors à l'ordre du jour une grave question : il s'agissait de savoir si une petite ville morte depuis plus de deux mille ans était à droite ou à gauche d'un monticule ; — le sujet avait enfanté huit à neuf cents volumes, que nous avions soigneusement entassés dans une chambre. Je m'y enfermai pendant un mois, j'eus le courage d'en lire le quart, d'en extraire ensuite la centième partie, ce qui fit un ouvrage fort respectable d'environ deux mille pages; je n'avais jamais pris connaissance des lieux, mais j'en parlai d'abondance et eus le bon esprit de me ranger à l'opinion des plus gros bonnets de la science. Mon mémoire fit si heureusement son chemin, que, quatre mois après, l'Académie couronnait brillamment son auteur. Un de mes oncles, ancien greffier, qui ne m'avait jamais offert une obole, apprit mes succès par le *Moniteur*, et me supplia de vouloir dorénavant n'avoir plus d'autre demeure que la sienne ; il m'appela tendrement son fils, me conjura de ne plus le quitter, lui et sa table, — ce que j'aurais fait, sans aucun doute, si le pauvre homme ne m'avait quitté le premier pour un autre monde ; — il me laissa dix mille francs, mais à la condition expresse que *j'enrichirais la science de découvertes en Syrie;* la clause était nettement formulée, je résolus de partir. — Je me rendis sans plus attendre chez mon père et lui annonçai mon prochain voyage ; il me demanda, d'abord, si la Syrie était moins loin que Paris ; quand je lui eus répondu qu'il fallait traverser une grande mer pour y arriver, il me dit en hochant la tête qu'il savait bien où j'allais, que c'était dans les Grandes-Indes, et il me recommanda très-chaudement de ne pas manquer de m'adresser à l'un de ses anciens compagnons, nommé Bourdailliac, qui y était allé jadis, aussi, faire des découvertes avec une pacotille de chaudronnerie. Je ne me perdis pas en efforts inutiles pour détruire les illusions géographiques de mon père, et, me jetant dans ses bras, je lui demandai sa bénédiction.

— Rien ne s'oppose à ce que je te la donne, me dit-il, tu ne m'as jamais rien coûté ; tu es un bon fils, va donc faire des découvertes, puisque ton oncle le greffier l'a voulu, mais, par la sainte Vierge, économise; sache qu'une petite pièce de deux sous mise de côté chaque jour fait au bout de l'année trente-six livres! Et, bon Dieu! que de casseroles il faut faire pour trente-six livres!

L'accolade terminée, nous nous dîmes définitivement adieu. — Trois jours après, je m'embarquai à Marseille, et je fis le plus complet apprentissage de la mer; je vous passe naturellement les détails et j'arrive à Tripoli, où j'abordai à la fin de septembre 1859. — Le premier homme que je rencontrai en Syrie fut un petit Turc, drogman ou interprète, fort sale, mais d'une courtoisie sans bornes; il m'aborda avec une politesse qui flatta mon amour-propre et me disposa très-favorablement à son égard :

— Que Dieu bénisse la barbe de sa très-haute seigneurie, me dit-il, en se prosternant devant moi.

Et cette parole fut répétée par une douzaine de vieux musulmans qui l'entouraient.

— Tu me parais fort civil, lui répondis-je : mais que me veux-tu?

— Ce que je désire, mon prince, de ton altesse sérénissime, c'est la permission de l'accompagner partout où elle portera ses pas illustres et son grand savoir.

— Grand Dieu! me dis-je en moi-même, ma petite renommée d'Europe aurait-elle voyagé jusqu'en Asie !

Et en cette minute, je grandis de cent pieds à mes propres yeux ; cependant, par acquit de conscience, je crus devoir détromper l'honnête homme sur mon origine et refuser surtout le titre de prince.

— Comment donc, s'écria le drogman, si ton auguste personne n'est pas appelée prince, elle mérite, du moins, ce nom par son savoir et ses vertus !

Je ne voulus pas combattre davantage, je laissai les choses aller, et acceptai mes nouveaux titres. Mon drogman m'emmena dans sa demeure et me supplia de vouloir bien y recevoir l'hospitalité.

— Entre, mon prince, me dit-il, la place que tu occuperas sera à jamais glorieuse pour moi et pour mes descendants.

Je songeais bien alors aux formes exagérées de langage habituelles aux Orientaux, et j'en tins compte ; mais, pour tout dire, j'eus la tête si complètement tournée par les louanges que m'avait prodiguées mon drogman, que je me surpris à regarder si ma poitrine n'était pas chamarrée de décorations, et fus sur le point de chercher mes parchemins dans mes malles. Je fis des rêves splendides, je voguai à pleines voiles dans de nouveaux contes des mille et une nuits, j'épousai des princesses, j'eus des milliers de serviteurs, un palais et une cour éblouissante. Mon cerveau en voyage entrevit un horizon chimérique de magnificence et d'honneur, d'or et de couronnes; bref, je fus le plus glorieux des hommes dans les deux acceptions du mot.

Le lendemain, mon drogman m'accabla de nouvelles marques d'estime et inventa mille prévenances pour me charmer; il fit venir une nuée d'almées, qui se livrèrent devant moi aux exercices chorégraphiques les plus voluptueux; leurs regards, leurs gestes gracieux, achevèrent de troubler ma tête et me donnèrent mille pensées qui ne laissaient pas de plaire à mon imagination.

— O douce et enivrante hospitalité de l'Orient, me disais-je en moi-même, on ne t'a pas trop vantée, et tu dépasses encore les rêves que l'on forme sur ton compte!

Cependant, confus des prévenances sans nombre de mon hôte, je voulus y mettre un terme et le suppliai de me traiter plus simplement.

— Oh! mon prince, me dit-il, rien n'est trop beau pour ta grandeur; plains-moi, car je voudrais pouvoir faire davantage.

Six jours se passèrent ainsi : — les repas somptueux, les danses des almées, les narguilés, les moels (chants arabes) et surtout le sommeil occupaient tout mon temps; — ma bourse n'avait pas eu à s'ouvrir une seule fois, et je regrettais sincèrement d'avoir emporté tout mon petit avoir, lorsque j'en vis au contraire l'opportunité.

C'était un matin ; j'étais, selon mon habitude, paisiblement étendu sur un divan et fumais nonchalamment : — le calme fut tout-à-coup troublé, au dehors, par le bruit d'une lutte de deux hommes qui paraissaient se porter des coups terribles ; les imprécations, les coups de bâton pleuvaient de la plus horrible manière. Je m'élançai du côté des combattants et vis mon excellent hôte aux prises avec un grand gaillard qui menaçait de l'assommer.

Je séparai les lutteurs et les conjurai de s'expliquer d'une façon moins orageuse.

— Oh ! mon très-grand prince, s'écria mon hôte en se jetant à mes pieds, cet homme est implacable ; il veut ma vie, parce que je ne puis en ce moment lui rendre son argent, mais je suis riche, et dans quelques heures...

— Que ne le disais-tu plus tôt, répondis-je, ma bourse est à toi (1) ; — et je lui remis cinq cents francs, qui passèrent immédiatement entre les mains du musulman. Je rentrais dans la maison, lorsque la lutte recommença de plus belle, au grand désavantage de mon hôte, qui, bâtonné à outrance par son adversaire, implora ma protection, se jeta

(1) Les lecteurs qui ne trouveront pas dans cette manière d'agir un procédé ordinaire aux Auvergnats, sont priés de se souvenir que Mauriac était depuis quelques jours dans une sorte d'égarement.

à mes pieds et s'écria en versant un torrent de larmes :

— Oh ! mon généreux prince, si tu veux me racheter de la mort, remets encore à ce misérable cinq cents autres francs ; je te rendrai l'argent, j'en prends Allah à témoin.

Cependant trois, quatre, cinq jours se passèrent, et le fidèle drogman ne me parla pas une seule fois de l'argent qu'il m'avait emprunté ; enfin, je résolus de lui rappeler sa dette et le priai de vouloir bien causer un moment d'affaires avec moi.

— Oh ! mon cher prince, je croyais que cela ne pressait en rien, me répondit-il d'un ton patelin.

— J'en conviens, balbutiai-je, j'ai grande confiance en ton honnêteté.

— Oh ! ta grandeur ne peut pas supposer que je voudrais lui faire tort d'un simple para !

— A merveille, repris-je ; mais il est temps de régler nos comptes, — finissons-en.

— Oh ! cher prince, pourquoi tant se presser, je je suis si fier de conserver ton auguste personne.

— Fort bien ! mais je suis impatient de ne plus parler d'argent avec toi : ces questions-là me sont un poids désagréable à porter. Je te le répète, si tu veux conserver mon amitié, finissons-en.

— Eh bien, prince, terminons nos petites affaires, repartit résolûment le drogman, en sortant de la salle.

— Allons, allons, me dis-je en moi-même, tout

va bien; rentré en possession de mon argent, je quitterai les délices de Capoue et recommencerai la guerre, c'est-à-dire l'étude; je saluerai Baalbek et les curieuses ruines du Liban ; — je fredonnais joyeusement l'air de la reine Hortense, lorsque mon hôte revint, la tête haute, le sourire sur les lèvres, la parole facile et assurée.

— C'est bien là, pensai-je, le maintien d'un débiteur qui rend intégralement la somme prêtée; allons, tout va bien.

Le drogman portait une cassette et l'ouvrit; il en sortit une feuille pliée en quatre et me la remit avec les plus grands égards. — Je me hâtai d'en prendre connaissance, et voici ce que je lus, à ma grande stupéfaction :

COMPTE DE M. CHRYSOSTÔME MAURIAC

Frais d'accueil, argent donné à ceux qui ont salué le seigneur à son arrivée.	100 fr.
16 jours à 50 fr. par jour.	800
3 danses d'almées.	400
500 tasses de café servies tant à M. Mauriac qu'aux musiciens et aux almées.	100
300 narguilés	80
Frais divers du prince et menus plaisirs.	50
Total.	1,530

Je demeurai anéanti pendant quelques minutes; je ne me réveillai de ma stupeur que pour prendre un bâton et me préparer à en faire bon usage;

— le drogman avait suivi mes mouvements, et, lorsque je fus sur le point de l'atteindre, il se déroba comme un cheval vicieux, ouvrit lestement la porte, sortit, la referma à double tour et me laissa prisonnier. Quelques minutes après, il revenait avec une troupe de vigoureux gaillards et m'intimait solennellement l'ordre de solder les frais de mon séjour. Je compris qu'il était plus sage de me rendre à discrétion que de chercher à lutter ; — je jetai encore cinq cents trente francs au drogman et le menaçai de toute la colère d'Allah, ce qui parut infiniment moins l'émouvoir que le bâton que je brandissais sur sa tête quelques minutes auparavant.

Le lendemain, je me hâtai de quitter Tripoli et gagnai la montagne sous la conduite d'un grand Maronite nommé Soliman, que je ne tardai pas à surnommer Soliman le Taciturne. Je n'ai jamais vu en Orient d'homme moins tempérant et, en compensation, plus observateur du grand précepte : *qu'il vaut mieux se repentir d'avoir omis cent paroles que d'en avoir dit une de trop.* Nos conversations furent peu fréquentes, mais en revanche, les reproches furent très-nombreux, — Soliman lui disais-je, tu ne me parles pas assez ! Un moukre ne rend des services qu'au prix de quelques explications. — Pas de réponse. — Soliman, es-tu satisfait de ton repas? — Pas de réponse. — Soliman, te trouves-tu en appétit? — Oui, beaucoup. — Voilà tout ce que j'obtenais de mon guide.

Mon homme devait me conduire à Baalbek ; il s'acquitta scrupuleusement de sa mission, mais me fit passer par les plus misérables bourgades de toute la Syrie, où nous fûmes reçus à peu près partout par des musulmans peu charitables et par des chiens inhospitaliers ; je me rappelle qu'en entrant dans un méchant village du Liban, nous fûmes, à la porte même d'une maison, accueillis par une quarantaine de hargneux molosses, qui firent cercle autour de nous et nous montrèrent les dents d'une façon trop significative pour que nous ne nous missions pas sur nos gardes ; n'ayant à notre main qu'une longue pipe, nous nous précipitâmes résolument sur la bande et tentâmes de la disperser ; mais la gent canine est irritable et persévérante ; elle s'éloigna d'abord, revint ensuite prudemment à la charge et, en définitive, recommença l'attaque avec tant d'acharnement que nos moulinets désespérés ne lui produisaient plus grand effroi ; — nous aperçûmes alors à deux pas de nous, à la porte de la maison, un dévot musulman qui faisait sa prière, nous lui criâmes d'appeler ses chiens ; — mais nous comptions sans notre hôte ; il n'était qu'au troisième verset, et il lui fallait arriver sans encombre au dixième ; nos habits commençaient à souffrir de la dent de nos implacables ennemis, et nos contorsions, loin d'apaiser leur colère, les excitaient et les rendaient de minute en minute plus hostiles.

— Par Allah! s'écrie mon conducteur, qui, en cette grande occasion, se départit de son silence habituel, termine au plus vite tes oraisons, et viens à notre secours.

Mais le pieux musulman nous répondit qu'il était au huitième verset, et qu'il en avait encore deux à réciter.

Comme bien vous pensez, nous étions furieux ; mais, tout en envoyant au diable le musulman, nous envoyions aux chiens une volée de pierres ; — cette manière de combattre semble leur déplaire : — ils battent en retraite la queue entre les jambes, s'arrêtent tout à coup, nous regardent d'un œil oblique, aboient en détournant la tête et reviennent en suivant des lignes courbes, pour nous attaquer sournoisement par derrière.

Je ne sais pas comment ce grand combat se serait terminé, si le vieux musulman ne se fût alors approché de nous avec une gravité incomparable et n'eût rappelé les chiens à l'ordre par un geste de souveraine autorité.

A quelques journées de Baalbek, une autre déception m'était réservée, et l'hospitalité orientale me parut ressembler de plus en plus à la vertu suivant l'expression fameuse de Caton : — *un vain mot*, un nom illusoire inventé par les voyageurs enthousiastes et adopté sottement par le public. — Je vais vous en expliquer les circonstances.

En partant de Tripoli, j'emportais d'un vice-consul de cette ville une lettre de recommandation pour un Turc, personnage d'importance, dont la résidence est peu éloignée de Baalbek.

Le haut fonctionnaire m'accueillit d'une manière charmante, refusa obstinément de prendre connaissance de ma lettre d'introduction, m'assurant que je me recommandais suffisamment par moi-même; sa réponse me flatta, ses manières européennes firent le reste.

J'ai le malheur d'avoir les lèvres en parfaite communication avec le cœur, — je m'ouvris au musulman, et lui fis part de mes espérances et de mes projets.

— Mon cher monsieur, me dit-il, en aspirant une bouffée de tabac, une étoile favorable vous a conduit chez moi.

— Je n'en doute pas, répliquai-je.

— Oui, reprit amicalement le musulman, bénissez votre bonne fortune; je vais vous donner une lettre de recommandation pour mes confrères les fonctionnaires du Liban. — Grâce à ma lettre, vous serez reçu partout à bras ouverts; — seulement, ayez grand soin de la tenir cachée aux yeux des subalternes, elle pourrait exciter leur jalousie et m'être fort préjudiciable.

Je jurai qu'elle ne me quitterait que pour être présentée aux fonctionnaires. — Je remerciai l'aimable musulman, et pris congé de lui en lui jurant une reconnaissance éternelle; — il m'assura que sa lettre était toute simple et ne comportait pas tant d'éloges ; je répliquai, et, en dépit des usages, nous finîmes par une tendre accolade.

A quelques berris de là, j'eus hâte de mettre à profit la lettre dont j'étais porteur. Cette petite missive en caractères arabes me paraissait la clef de tous les cœurs musulmans et je la contemplais avec amour ; — « petite lettre, lui dis-je, tu vas me valoir des fêtes, des génuflexions, des honneurs, de la gloire. » Je la pliai avec soin et la plaçai avec précaution dans mon portefeuille.

Le premier fonctionnaire que j'abordai me sembla d'abord d'humeur fort peu sociable : « Attends, fis-je en moi-même, je vais te faire changer de visage » et je lui présentai ma lettre de recommantion ; — une transformation subite eut lieu : les yeux du musulman s'écarquillèrent de satisfaction à la lecture de la missive ; ses narines se dilatèrent et tout son être respira le contentement ; sans plus attendre, maître et domestiques se prosternèrent à mes pieds et me prodiguèrent des louanges pendant une demi-heure.

Le lendemain je partis, et mes adieux durèrent aussi longtemps que ma réception ; ma joie fut pourtant tout-à-coup troublée ; car, en comptant mes bagages, je reconnus qu'il me manquait une valise ; — je déléguai immédiatement Soliman, mais les recherches furent vaines et ma valise ne fut jamais retrouvée.

Plus loin, ma lettre de recommandation me valut un accueil enthousiaste, mais il me fut encore impossible de réunir tous mes bagages ; l'une de mes malles disparut et fut à jamais perdue.

— Voilà, me disais-je, une incroyable fatalité ; n'importe, je ne puis accuser mes hôtes d'infidélité ! Et je continuais à montrer ma lettre de recommandation, tantôt aux cadis, tantôt aux muftis,... et c'était tantôt un sac, tantôt une malle qui manquait à l'appel.

Cette suite de mésaventures finit par m'ébranler, et je résolus de connaître le sens de la missive ; — je me la fis traduire, et voici les phrases qu'elle contenait :

« Pressez l'éponge, il en sortira de l'or ; — prendre un objet à un Giaour, c'est le rendre à Dieu ; — le Giaour me précédera dans mon voyage ; il faut que vous me remettiez 15 piastres après chaque réception que vous lui ferez. — Le doigt sur la lèvre ; qu'Allah soit avec vous !

« *Signé :* Le gouverneur, MOHAMMED. »

La vérité brillait à mes yeux, hélas ! elle arrivait un peu tard ; tous mes bagages y avaient passé !

Mais, avant de continuer, mes bons amis, nous dit Mauriac en promenant sur nous ses regards, j'ai à réclamer toute votre indulgence pour mon babillage; il y a si longtemps que je ne me suis reposé à côté de mes compatriotes, que mes paroles suivent l'exemple de l'oiseau qui, sorti de la cage, voltige d'arbre en arbre, sans songer au repos. — Je vous ai entretenus de mon arrivée et de la réception amicale du premier Syrien que j'ai rencontré. Hélas! si vous voulez me suivre, vous aurez à faire la connaissance de personnages d'une couleur plus sombre et d'un caractère plus foncièrement inhospitalier. Mais, avant de vous conduire au milieu de mes aventures, imitons la nature qui sommeille, éteignons notre feu et dormons.

La proposition fut acceptée, et, un quart d'heure après, Morphée avait en nous de fervents serviteurs; cependant deux Arabes veillaient, et se tenaient prêts à nous faire prendre nos épées à la moindre alerte.

XVIII

OU L'ON VERRA BIEN DES CHOSES ET PARTICULIÈREMENT UNE JEUNE MISS

13 juillet.

La nuit ne fut pas troublée, et le lendemain Mauriac fut le dernier à se réveiller ; — le pauvre garçon avait apparemment bon besoin de retrouver des forces dans le repos ; car il dormit pendant plus de douze heures ; lorsqu'il rouvrit les yeux, nous avions déjà fait une promenade dans les environs, fumé deux narguilés, et nous étions pour le moment paisiblement assis à la turque, autour d'une natte que nos conducteurs avaient chargée de gâteaux et de fruits. La dive bouteille circulait, lorsque Mauriac nous salua d'un accueil empreint de la gaîté la plus cordiale ; sans plus attendre, il se mit en devoir de partager notre repas.

— Messieurs, nous dit-il, si j'écrivais les aventures que j'ai encore à vous raconter, on m'accuserait à coup sûr de voyager comme M. Alexandre Dumas ; aussi me garderai-je bien de livrer aux imprimeurs mes singuliers événements ; je n'écrirai que ceux qui auraient pu arriver au premier venu. Comprenez mon intention : j'ai le désir de m'asseoir dans une des cinq académies, et si je venais par malheur à faire retentir les échos de ma renommée littéraire, on m'en refuserait obstinément la porte; je garde donc pour mes amis le côté dramatique de mon voyage, je lancerai le reste au public, mais je serai si profondément ennuyeux que personne ne me lira : c'est la règle de tout honnête homme qui aspire à l'habit vert.

Cette profession de foi académique fit passer un léger sourire sur nos lèvres, et, pour stimuler la verve de notre ami Mauriac, nous fîmes voler en son honneur dans les sycomores le bouchon d'une bouteille de champagne, et lui présentâmes un grand verre du plus gai de tous nos vins.

Chrysostôme Mauriac accepta, vida la coupe en un clin d'œil, et se mit en devoir de reprendre le fil de son histoire.

— Hier, nous dit-il, je vous ai parlé de mes déceptions ; aujourd'hui, je vais vous entretenir de mes espérances ; en entrant dans Baalbek, j'étais loin d'avoir l'âme gaie, je ne voyais que brigands dans tous les Arabes qui m'entouraient, et ne passais pas un quart d'heure sans faire l'examen de ma bourse et de mes bagages; pourtant les nuages sombres devaient momentanément se dissiper et faire place à un horizon coloré des teintes les plus riantes.

8.

Je promenais mes silencieuses rêveries au milieu des admirables ruines de Baalbek, lorsque, au détour d'un superbe temple, j'aperçus un individu à cheval sur les épaules d'une statue colossale et qui en frappait le nez avec un petit marteau.

— Quelle mutilation ! quel sacrilége ! m'écriai-je, cet homme ne peut-être qu'un fou.

Et je m'élançais pour l'arrêter dans son œuvre de destruction, lorsque je fus arrêté moi-même au passage par un grand Métuali.

— Ne vois-tu pas, me dit-il, que monsieur est un Anglais ?

Cette explication aurait dû me satisfaire, mais elle ne me parut pas alors suffisante et j'abordai résolument le gentleman dans l'intention de le dissuader de son projet.

— Monsieur, lui dis-je, au nom de l'art, respectez la tête de cette magnifique statue !

— Oh ! oh ! sir, admirable, superbe tête ! belle pièce, très-précieuse pièce !

— Sans doute, mais vous allez la mutiler !

— Oh ! oh ! je ne pouvais pas emporter toute la tête, — très-fâcheux, n'est-ce pas, sir, très-fâcheux ?

— Mais, au nom de l'antiquité, d'Apollon et de Phidias, descendez !

— Oh ! sir, non être statue Apollon ! oh ! nô, mais, peut-être, œuvre de Phidias ! oh ! oh ! belle pièce en vérité, très-belle pièce.

Et, en ce moment, cet implacable petit marteau qui frappait toujours, finit par abattre le nez de la victime:

— En bien! monsieur, lui dis-je avec ironie, vous êtes satisfait?

— Oh! oh! sir, pas tout-à-fait! pas tout-à-fait! Ami à moa avoir superbe collection, et moa n'avoir qu'un tout petit sac.

Et il fit signe au Métuali d'apporter l'objet en question.

— Sir, ayez l'honneur de faire connaissance avec mon petit British-Museum, continua le gentleman en prenant le sac, et ce Druse de la sculpture me montra avec orgueil une soixantaine de nez conquis à coups de marteau, plus de deux cents oreilles acquises par la même méthode, etc.

— Ah! murmurai-je avec lord Byron:

>Quod non fecerunt Gothi,
>Fecerunt Scoti.

D'ordinaire, les Anglais se lient difficilement: ce n'est pas à coup sûr par insociabilité; je les estime trop, du moins, pour le penser; c'est donc par une autre cause que le lecteur cherchera, si bon lui semble; quoi qu'il en soit, ma figure dut plaire apparemment beaucoup au gentleman, car il prétendit être mon cicerone au milieu des ruines.

— Sir, me dit-il en souriant, suivez moi; je vous

montrerai les statues dont j'ai conquis les dépouilles opimes.

Et le gentleman, que j'appellerai dorénavant par son nom, sir Roderick Trapson, prit les devants, arpenta hardiment les sentiers étroits, escalada, le premier, les murailles les plus inaccessibles, se glissa dans les anfractuosités, et voulut, à coup sûr, par sa dextérité, son adresse, son intrépidité, humilier en moi toute la nation française ; de temps à autre, il s'arrêtait sur la pointe des rocs, croisait les bras et répétait avec un flegme indescriptible, cet anglicisme :

— En vérité ! En vérité, tout cela est très-satisfaisant !

Après une course d'une heure, nous arrivâmes à un rond-point : une voix féminine vint alors frapper harmonieusement mes oreilles : le timbre de ce délicieux organe m'alla droit au cœur, comme une flèche du fils de Vénus, et, avant de distinguer la personne qui possédait une voix si mélodieuse, j'en étais déjà éperdûment amoureux. Soupçonnez ce que fut la révolution qui s'opéra dans mon cœur, lorsque je distinguai la plus séduisante jeune fille que l'imagination ait jamais rêvée ; elle était assise sur une large pierre, dans une position méditative ; sa tête était appuyée sur sa main droite, et ses yeux, à demi voilés par une épaisse frange de longs cils, avaient cet éclat doux et poétique, ce rayonnement céleste que les peintres donnent aux yeux des anges ; ses dents blanches, un peu trop longues peut être, ses cheveux qui tombaient en boucles blondes autour du délicieux ovale de son visage, me firent pousser *in petto* un cri d'admiration. Je n'avais jamais vu une pareille chevelure dans mes montagnes d'Auvergne, ni des dents aux proportions si généreuses. Tout me parut être enchanteur dans la jeune miss, — tout jusqu'à l'extrémité de ses pieds que je ne voyais pas, mais qui venaient se dessiner au-dessous de sa robe de soie. — Bientôt même, lorsqu'elle se leva à notre approche, ses mouvements me parurent plus souples que ceux d'une gazelle, plus élégants, plus harmonieux que ceux d'une houri dans un songe éthéré ; pourtant, la taille de la jeune miss s'élevait d'une façon désespérante au-dessus de la moyenne, et me rendit un moment honteux de mes quatre pieds dix pouces, qui la regardaient de bas en haut comme on le fait à la base d'un édifice ; n'importe, je résolus d'être audacieux, et, tout en murmurant l'apophthegme « *audaces fortuna juvat,* » je fis un salut fort honorable à la jeune personne et lui déclinai un compliment dont je me sentais très-satisfait.

— Oh ! sir, sir — répondit-elle, je beaucoup regrette de ne pas avoir bien compris vô, mais cela être parfaitement insignifiant.

J'eus le bon esprit de penser que la réponse avait fait fausse route, et, sans plus attendre, j'engageai de nouveau conversation avec la jeune Anglaise, et lui demandai quelle impression faisaient sur son esprit les magnifiques ruines de Baalbek.

— Oh! Sir, répliqua-t-elle, ruines vraiment fort ridicules, comparées aux splendides monuments de l'Inde, et petites niaiseries à côté des superbes ruines de la Grèce!

Je compris, par cette parole, — premièrement que mon interlocutrice était infiniment plus avancée que moi, puisqu'elle pouvait comparer les monuments de l'Inde et de la Grèce à ceux de la Syrie; — secondement, qu'une jeune fille qui avait déjà tant voyagé devait appartenir à une famille bien partagée en guinées et en bank-notes; — troisièmement, que je serais un maître sot de ne point attacher mes pas à ceux de gens aussi dignes de considération.

« Bien, Chrysostôme, me disais-je, bien, mon garçon, ton chemin se fait; entre dans le cœur de la jeune miss; — que diable! n'es-tu pas Français? Couronne, mon cher, ton noble amour par un bon mariage, et tu seras, un jour ou l'autre, lord ou grand chancelier de la couronne britannique; avant tout, tu seras riche et père de famille; tu verras grandir autour de toi une ruche de petites miss aux yeux bleus et aux cheveux d'or qui t'appelleront « My dear father. » — Toi, enfoncé dans ton large fauteuil en velours cramoisi, tu promèneras amoureusement tes regards sur ta belle progéniture, et tu seras le plus heureux des hommes du Royaume-Uni et de l'empire de France ; allons, mon bon, tout va bien ! »

Tout en faisant ces réflexions, je me préparais à engager, de nouveau, conversation avec ma belle compagne, lorsque le gentleman, M. Trapson, se plaça entre elle et moi, lui tendit le bras sans mot dire, et partit sans m'envoyer la plus médiocre salutation.

Comprenez ma tristesse et ma fureur. — Cependant, j'ai le sang montagnard et de la ténacité, Dieu merci ! Je résolus de suivre les voyageurs et d'épier l'occasion favorable pour me représenter : — cette occasion ne devait pas se faire attendre ; — à trois jours de là, M. Trapson et sa nièce, miss Clara, montés sur de petits coureurs blancs, gravissaient la pente assez raide qui conduit à Zébadany ; le cheval sur lequel était enfourché Trapson fait un faux pas, et roule au fond d'un ravin, entraînant avec lui son cavalier, qui a la bonne fortune de tomber à califourchon sur un arbre touffu ; moins heureux, le cheval va se briser le crâne sur la pointe d'un roc. Si le gentleman eut peur, il nous est permis de le supposer, mais il ne poussa pas un cri et se releva presque immédiatement, en maugréant contre le sot animal qui l'avait éclaboussé de son sang et de sa cervelle.

Je n'hésitai pas une minute, — je m'élançai du côté de Trapson, remerciai bien haut le Ciel d'avoir protégé l'illustre gentleman, et, en fin de compte, le pressai vivement d'accepter ma monture pour le reste du voyage; — mon empressement était inutile; le noble Anglais enfourcha ma bête, comme si, par le fait de la mort de son cheval, elle fût devenue naturellement la sienne. Cet abandon volontaire me condamnait, il est vrai, à marcher; mais ne me sentais-je pas plus que dédommagé en songeant que je ne quitterais plus ma délicieuse miss!

Au bout de trois jours, j'avais les pieds en sang, les jambes à moitié rompues et des ampoules jusqu'aux genoux; je n'en étais pas moins au comble du bonheur : — je vivais dans la même atmosphère que miss Clara, — je la regardais plus de dix fois par jour et j'osais lui adresser la parole quatre à cinq fois par semaine; parfois je dépassais à la course les deux chevaux, afin de cueillir des fleurs avant que ses regards eusent pu les distinguer, et je les lui rapportais triomphalement, ce qui me valait un délicieux sourire et un *I thank you* qui me bouleversait le cœur. Je m'aventurais au milieu des précipices et des broussailles pour lui trouver de petits cailloux brillants; je me glissais dans les ravins et me jetais dans les torrents pour lui rendre sa cravache qu'elle se plaisait à lancer le plus loin possible dans le dessein de se distraire des ennuis du voyage; quelquefois, nous gravissions ensemble les rochers du Liban, et lorsqu'il s'agissait d'escalader de hautes pierres, je m'étendais tout de mon long et je sentais avec ravissement les pieds de la jeune miss qui me labouraient les côtes; — sur le sommet des montagnes, y avait-il des crevasses à franchir, je faisais résolûment arc-boutant sur le vide et j'avais la satisfaction de voir miss Clara s'aventurer sur ce pont improvisé.

Ainsi s'écoulèrent des semaines, puis des mois. Pourtant, le calme relatif de ma vie ne devait pas être de longue durée; nous touchions au mois de juin 1860; — de terribles évènements allaient éclater, et je devais apprendre à mes dépens que les tourments moraux sont encore plus cruels que les peines physiques : hélas! messieurs, j'ai grand' peur de tourner au lamentable, et, si vous voulez que la fin de mon récit soit assaisonnée d'un peu de gaîté, versez-en dans mon verre avec l'onde réjouissante du champagne!

Mauriac cessa un moment de parler; nous trinquâmes avec lui, et lui demandâmes la suite de son histoire.

XIX

SORT INFORTUNÉ DE MAURIAC

Messieurs, continua Mauriac, j'entre sans préambule dans Damas, où mon cheval et le petit poney blanc de miss Clara conduisirent sir Roderick Trapson et sa nièce, vers le commencement du mois de juin. L'excès de fatigue m'étendit, pendant deux semaines, à demi-mort sur une natte, et je ne me relevai que pour être le jouet des musulmans.

Je vous passe sous silence les détails, et j'arrive aux faits; car, suivant la parole d'un sage, rien n'est plus brutalement concluant; ces faits, vous n'êtes pas, du reste, sans les soupçonner; les musulmans, de concert avec les Druses, attaquèrent d'abord les chrétiens indigènes et menaçaient ensuite d'en venir aux étrangers. — Abd-el-Kader, à la tête de ses nobles Arabes, pouvait bien pendant quelque temps retenir l'épée sanglante des assassins, mais il devait arriver un moment où, leur ivresse meurtrière touchant à son comble, les Druses ne respecteraient plus rien; quand le flot monte, on se retire. — Je jugeai qu'il était sage de battre en retraite, et je conjurai Sir Roderick Trapson et miss Clara de suivre mon exemple : — le gentleman n'était pas le plus vaillant citoyen de la Grande-Bretagne, mais il était né, par malheur, en Cornouailles, et faisait naturellement de l'entêtement une vertu ; — il avait prononcé un terrible *no* à la prière que je lui faisais de s'enfuir avec moi, et vingt mille Druses ne lui auraient pas fait révoquer sa décision. Son entêtement entravait singulièrement mes plans, car je comptais m'illustrer tellement par mes actes de dévoûment envers miss Clara, que j'espérais bien qu'en reconnaissance elle m'accorderait sa main ; j'aspirais à pourfendre les Druses sous ses yeux, et à les pourchasser de rochers en rochers jusqu'au dernier sommet du Liban.

Cependant, s'il ne me fut pas permis tout d'abord d'aller chercher aventures avec miss Clara, — j'eus bientôt la conviction que les aventures viendraient nous chercher jusque dans notre retraite de Damas. Les Druses, suivis d'une bande de Juifs, firent l'assaut de notre maison ; Trapson, qui dormait d'un profond sommeil, fut réveillé en sursaut ; mais il refusa de faire un pas en avant, prétendant qu'un gentleman de son extraction ne pouvait pas combattre en costume négligé ; — miss Clara, justement épouvantée, me conjura d'aller au devant des Druses pour lui donner le temps de gagner la campagne, et moi, tremblant de tous mes membres, mais plus amoureux que jamais, je saisis quatre pistolets et un révolver, et me plaçai devant la chambre de ma bien-aimée, déterminé à vendre chèrement ma vie ou à conquérir glorieusement miss Clara.

Pour que mes mouvements fussent libres, je passai deux pistolets sous mes bras; en pris un autre entre mes dents; je portais le quatrième à la main gauche et le révolver à la main droite, prêt à faire feu sur les assaillants.

Deux minutes après, trois Druses se précipitaient dans l'escalier et me mettaient en joue; je pressai immédiatement la détente du révolver, et une balle alla se loger dans l'avant-bras d'un des bandits; — de la main gauche, je tirai un coup de pistolet qui en étendit un autre sur le carreau; — mais, d'un seul bond, le troisième Druse se trouva face à face avec moi, me désarma, me renversa, me lia les mains en poussant un ricanement diabolique. Je me crus mort: plus de vingt Druses m'entourèrent, m'aiguillonnèrent de la pointe de leurs épées et m'obligèrent à me traîner jusqu'à la porte d'entrée.

— Tuez-moi, leur disais-je. Tuez-moi!

— Te tuer maintenant! répondirent-ils en riant, oh! non! il faut auparavant que tu nous divertisses et nous délasses de nos fatigues.

En cet instant, un cri unanime d'admiration

partit du premier étage ; c'était, à n'en pas douter, miss Clara qui tombait au pouvoir des brigands.

Tout mon sang bouillonnait : — ma tête en feu entrevoyait plus d'un effroyable dénoûment ! — Je fis des efforts désespérés pour secourir miss Clara, mais les cordes me retenaient trop étroitement ; je ne me relevai que pour retomber lourdement sur le sol.

— Au camp ! au camp ! s'écria l'un des chefs druses, qu'on la mène au camp ! Elle est à moi ! Quant à toi, Giaour, qu'on t'y roule !

J'eus les pieds attachés aux mains par des lanières déjà sanglantes, et des courroies me furent passées autour du corps.

— En avant ! s'écria le chef.

Un formidable coup de pied me fit rouler sur moi-même, et, comme la rue était en pente, j'allai, après une centaine de tours, échouer au pied d'une maison ; — je fus reçu par des vociférations, par des huées, et par une pluie de je ne sais plus quel liquide qui me fut envoyé du premier étage.

J'avais les membres en sang et le crâne horriblement froissé ; je me sentais à peine vivre.

De nouveaux coups de pied m'envoyèrent plus loin, et, d'étape en étape, je fus ainsi mené au camp de Druses.

Plusieurs matrones couvertes d'oripeaux reçurent mes bourreaux et se réjouirent de l'attrayant spectacle que je leurs promettais ; elles me crachèrent au visage, m'appelèrent Giaour sur tous les tons, et finirent par me jeter dans un cachot.

Au milieu de mes tortures, j'avais constamment couvé des yeux ma chère Clara, qui, emmenée captive, mais avec beaucoup d'égards, fut momentanément placée dans une chambre voisine de mon étroite cellule; sa présence à quelques mètres de moi me rendit tout mon courage.

— Miss Clara, m'écriai-je, ne craignez rien, votre ami Chrysostôme veille sur vous et se prépare à l'évasion.

A cela, ma belle Anglaise répondit que, si sa captivité durait plus longtemps, elle ne manquerait pas de prendre le spleen.

Je la conjurai de n'en rien faire, et, me soulevant avec des souffrances inouïes, je m'approchai du mur, enfonçai mes doigts crispés dans les interstices des pierres et tentai d'y pratiquer un trou pour rejoindre ma bien-aimée.

Quel travail! mais aussi quelle joie, lorsque, après trois heures du plus pénible labeur, il me fut permis d'apercevoir ma très-chère miss à travers une fente de la cloison! Réunissant alors toutes mes forces et ne voulant pas plus longtemps être séparé d'elle, je me précipitai tête baissée dans l'endroit qui me semblait devoir résister le moins, et, au risque de faire voler mon crâne en morceaux, j'abattis les derniers obstacles, comme le bélier se crée de vive force un chemin à travers une haie ; — étourdi du choc terrible que j'avais subi, je tombai quelques secondes après tout sanglant, évanoui, mais aux pieds de ma divine Clara.

— Miss, m'écriai-je en revenant à moi, vous savez maintenant si je vous aime !

XX

UN ÉTRANGE BOURREAU

Ma belle Anglaise commençait à m'ouvrir son cœur et m'avouait qu'elle serait la plus heureuse des femmes si elle parvenait à s'enfuir avec moi du camp des ennemis, lorsqu'une troupe de Druses pénétra dans le cachot et nous sépara avec une brutalité sans exemple; miss Clara, qui, bien à tort, fut jugée comme m'ayant considérablement facilité l'entrée de sa retraite, fut prise violemment par les cheveux et emmenée auprès du cheykh druse; quant à moi, l'on me perça les oreilles et le nez, l'on me passa une chaîne de fer à travers les orifices sanglants, et après m'avoir attaché à un poteau, au milieu du camp, on fit autour de moi une ronde que je n'oublierai de ma vie, dussé-je voir s'écouler autant d'années que le bonhomme Mathusalem.

Mais les barbares me réservaient la plus poignante des humiliations en me martyrisant devant miss Trapson, qu'ils firent asseoir à côté de leur exécrable chef, environné d'une foule d'almées et de guerriers couverts d'armes et de pierreries ; — je lançai un coup d'œil à ma bien-aimée, qui ne voulut pas y répondre : — sans doute, la pauvre chère miss voulait ne pas laisser croire à son attachement pour moi, et m'épargner ainsi de plus longs supplices.

— Cheykh, m'écriai-je en me relevant avec fierté, je suis Français et ma patrie me vengera !

— Le Français, répliqua le chef, a de bons yeux et voit sa patrie de loin.

— Tu peux prendre ma vie, repris-je avec fureur, mais la France venge toujours le sang de ses enfants, et ses soldats ne sont peut-être pas loin d'ici.

— Le petit Français, répondit froidement le Druse, n'a plus bonne vue.

Il leva sa main droite, et trois bandits me crachèrent au visage et m'appliquèrent cinquante coups de fouets sur les jarrets.

Plein de courroux et de dépit, j'allais menacer de nouveau le cheykh des justes représailles de ma nation, lorsque mes bourreaux s'éloignèrent en voyant approcher un petit vieillard aux cheveux hérissés, à la barbe grisonnante, aux yeux fins et subtils, à la démarche de reptile, et qui vint à moi en poussant des cris et en gesticulant de la façon la plus étrange.

Le personnage roula des yeux terribles, grinça des dents, tourna ses bras, comme les ailes d'un moulin, sauta comme un chimpanzé, se tordit comme un clown et jeta au vent ces mots cabalistiques :

—*Capharnaüm,— parafaragaramus, —Abracadabra!*

Le moment est venu, pensais-je avec terreur, le monstre va me scalper, m'enfoncer des aiguilles rouges dans les oreilles, m'écorcher par bandelettes, me brûler les nerfs ou m'arracher les fibres les unes après les autres.

L'assistance était muette, comme dans l'attente d'un grand événement. — Les guerriers suivaient religieusement les moindres signes, les moindres gestes du singulier personnage, et, à chacun de ses cris, se courbaient jusqu'à terre en poussant un mugissement infernal.

En quelques secondes, tout mon passé vint se présenter à ma mémoire : — que de pensées, que de réflexions amères surgirent en moi! Je fis un adieu mental à ma patrie, à tous ceux que j'avais aimés ; — je maudis mes rêves ambitieux, livrai mon âme à Dieu, et croisai mes bras sur ma poitrine dans l'attitude la plus fière que je pus prendre.

Le jongleur s'approcha très-près de moi et s'écria une seconde fois :

— *Capharnaüm, parafaragaramus, Abracadabra!*

Des hurlements unanimes accueillirent cette mystérieuse exclamation.

— Allons, m'écriai-je, adieu, France, ma patrie, adieu !

Ces paroles ne furent pas prononcées si bas qu'elles ne purent être entendues du jongleur.

— Tu es Français ! me dit-il, avec les marques de la plus vive anxiété.

— Oui, et Français d'Auvergne !

— Auvergnat ! exclama-t-il avec une joie indescriptible, Auvergnat !

— Oui, mille fois oui, repris-je, natif d'Aurillac !

— D'Aurillac, amour de Dieu ! d'Aurillac !

— Sans doute !

— Et moi de Saint-Flour, fit-il à voix basse et en me frappant sur l'épaule, enfant d'Auvergne, enfant de Saint-Flour ! Va, tu ne mourras pas. Il ne sera pas dit qu'une vieille peau comme moi aura vu périr sous ses yeux un de ses compatriotes, un fils du Cantal ! Dussé-je subir les trente-huit tortures, je te sauverai ! Seulement, exécute de point en point tout ce que je te dirai.

On comprend aisément le bonheur qui dut inonder mon âme à cette révélation si inattendue. Ceux qui sont tombés dans un puits ou dans un précipice et auxquels on tend une corde comprendront seuls ma joie.

— Au nom d'Hakem, s'écria mon nouvel ami avec un accent des plus puissants, que tous les Giaours périssent par le fer, par l'eau et par le feu ! Que leurs chairs couvertes de pustules soient dévorées par les chiens, que leurs cadavres pourrissent sans sépulture, que leurs cœurs soient offerts en pâture aux plus vils de tous les animaux !

L'assistance paraissait extrêmement satisfaite de l'éloquence de l'orateur, mais je recommençais à trembler de tous mes membres et à me demander si mon frère n'allait pas, par son incroyable tactique, accélérer ma fin.

— Que les Giaours, continua-t-il, subissent les trente-huit tortures ! que les pinces, les tridents, les yatagans soulèvent, déchirent, hachent leurs peaux, leurs chairs et leurs membres !

Ces paroles me foudroyaient : — fatalité ! pensais-je, me fallait-il entrevoir la vie pour qu'elle m'échappât si vite.

— Enfants du prophète, reprit le sorcier, jouissons de l'agonie des Giaours, arrachons-leur la langue, martyrisons-les depuis la plante des pieds jusqu'au sommet de la nuque. C'est notre souhait le plus cher, c'est notre devoir ! Haine à ceux qui ne sont pas des nôtres, affection sans bornes à nos amis !

Un hourrah d'applaudissements couvrit ces mots.

— Que la terre s'entrouvre pour nous engloutir, s'écria-t-il, si nous faisons le mal en pouvant faire le bien ! *Sacroromatumanfucus-Bomanumangomagus!* Cet homme que le fer a failli frapper n'est pas un Giaour, mais un esprit divin ! Gloire d'Hakem, tu m'éclaires, tu m'inondes ! *Capharnaüm, rotomagus! charabia!* gardons-nous de le toucher seulement du doigt ; je distingue en lui quelques parcelles du grand feu d'Hakem ! honneur à lui ! honneur ! place !

Les Druses se prosternèrent, mes chaînes tombèrent, je m'appuyai sur le bras de mon sauveur, et nous quittâmes la formidable enceinte.

— Eh bien ! mon cher compatriote, me dit alors mon sauveur, que pensez-vous de ma puissance ?

— Ma foi, répondis-je, elle me paraît prodigieuse, diabolique et angélique tout à la fois ! Êtes-vous cheykh ou grand prêtre ?

— Ah bien oui ! tout simplement fou, devin, ou, ce qui revient au même en Orient, un saint.

J'avouai en toute humilité que je ne comprenais pas un mot à sa réponse.

— Tout, ici, mon cher, reprit-il, se fait à l'inverse de ce qui devrait être ; les fous reçoivent un brevet de sagesse, et les sages passent pour des fous ; j'ai étudié les hommes et connais à fond leur âme ; les plus sages parmi eux sont précisément ceux qui se frayent le plus difficilement une voie dans la vie : tantôt leurs nobles actes excitent la jalousie ; — tantôt les conseils qu'ils croient devoir donner leur créent d'impitoyables inimitiés ; — tantôt leur seule présence est une barrière aux turpitudes des autres ; — tantôt leur conduite irréprochable semble un reproche tacite à celle des misérables qui pullulent dans la société. Ces derniers sont actuellement les maîtres de l'Orient, parce qu'ils sont les plus nombreux et les plus audacieux ; ils sont en guerre ouverte avec les honnêtes gens, qui n'ont pour armes que la justice, hélas ! bien faible devant la force brutale. En présence de telles anomalies, et jeté par une suite d'infortunes au milieu de cette société corrompue, j'ai songé que l'homme véritablement habile serait celui qui passerait pour atteint de folie sans l'être en réalité. Voyez, en effet, les avantages immenses de ma position ; — j'ouvre la main, et l'argent des honnêtes gens s'y glisse comme si, en me l'offrant, on le donnait à Dieu ; je suis malade, on me recueille, souvent, il est vrai, plus par ostentation que par charité, mais peu m'importe, j'en touche les bénéfices. Quand je parle, on m'écoute comme un oracle ; je lance çà et là de dures vérités, que l'on accepte et qui ne blessent jamais personne ; si je divague, au milieu de mes paroles incohérentes on cherche des interprétations subtiles ; je ressemble à ces écrivains ambigus et obscurs dans lesquels les commentateurs s'ingénient à trouver des pensées qu'ils n'ont jamais eues ; je suis un thème mystérieux, insondable ; grâce à ma feinte démence, je passe pour être en communication avec le Dieu des musulmans et des Druses : car on suppose que mon âme, ayant déserté mon corps, erre dans le paradis éthéré de Mahomet et d'Hakem. On me respecte, on me nourrit, on me loge; je suis invulnérable, les faibles m'adorent, les grands me craignent; en un mot, je suis saint parce que je suis fou (1).

Ces explications ne me satisfirent qu'à moitié, et je me préparais à demander à mon nouvel ami de plus amples informations sur sa position sociale, lorsque le bruit de plusieurs coups de feu, partis dans le voisinage, me rappela à une conduite plus prudente; ayant appris que vingt Maronites et trois Allemands venaient d'être faits prisonniers, je voulus immédiatement partir : — je suppliai mon compatriote de veiller sur ma chère miss Clara, lui avouai mes sentiments à son égard et mes douces espérances; nous nous jetâmes dans les bras l'un de l'autre, et, après nous être promis de nous revoir, nous nous séparâmes; je m'enfonçai péniblement dans les gorges étroites de la montagne, m'abritai la nuit dans les cavernes et me traînai jusqu'ici, mangeant des racines et des fruits, étanchant ma soif dans les ruisseaux, et répétant à toute heure, avec Delavigne, cet aphorisme consolant et amer :

La vie est un combat dont la palme est aux cieux.

Messieurs, ajouta Chrysostôme, si je tentais de

(1) Les personnes qui ont étudié les mœurs de l'Orient doivent savoir que ce fait n'est pas rare. Les fous sont entourés de la vénération générale.

vous faire le récit complet de mes souffrances, il me faudrait au moins vous débiter un volume, mais je m'arrête, et vous supplie pourtant d'augmenter d'un chapitre l'histoire de mes aventures, en allant au secours de ma noble et courageuse compagne, miss Clara.

XXI

PAUVRE CHRYSOSTOME!

— Qu'allons-nous faire, messieurs, demandai-je à mes compagnons ! Devons-nous marcher du côté du campement des Druses et leur enlever, de vive force, miss Clara et les prisonniers chrétiens qu'ils se préparent peut-être à sacrifier à leur soif de carnage?

— Oui! oui! exclama l'intrépide John Speck; au camp des Druses! J'ouvre la marche!

On paraît généralement partager le même avis, et nous partons.

Deux jours après, Chrysostôme Mauriac nous dit que nous n'étions plus qu'à quelques minutes de la gorge où se tenait auparavant le nid d'aigle des Druses. Nous enroulons des morceaux de toile et des herbes autour des pieds de nos chevaux pour assourdir leur marche, et nous nous disposons à fondre à l'improviste sur le camp ennemi, l'épée à la main, laissant à nos ceintures nos pistolets, et faisant le projet de ne nous en servir qu'à la dernière extrémité. Nous suivons un chemin bordé de deux rampes taillées à pic, et se déroulant, comme un serpent, autour des massifs de la montagne. Un silence profond règne parmi nous. Nous serrons la poignée de nos épées et prêtons l'oreille aux moindres bruits, car, d'une seconde à l'autre, le combat peut commencer.

Après avoir gravi le sentier sinueux, nous franchissons un étroit passage et débouchons tout à coup dans un long cirque.

— C'était ici, s'écrie Mauriac; les misérables sont partis!

Nous nous élançons sur le terrain où tout révélait un combat récent et terrible; çà et là, nous trouvons des armes brisées, des débris de vêtements, des chaînes rompues, des haches ensanglantées, et, plus loin, nous rencontrons deux cadavres de Druses.

Dès la première inspection, mon guide Amrou et plusieurs de nos soldats nous certifient que ce ne sont pas des Européens qui ont combattu les Druses.

— Je connais, Dieu merci, ces braves Arabes d'Abd-el-Kader, ajoute notre vieux militaire français, qui nous avait si vaillamment conduits à la victoire dans notre premier engagement, et je parierais que ce sont eux qui ont étrillé vivement la bande de coquins qui nichait dans ce trou à rats;

— Tenez, continua-t-il en retournant avec indifférence un des cadavres, voyez où la balle a frappé:

— en plein visage. — Ces diables d'Arabes n'en font jamais d'autres !

Eh par Dieu ! voici bien une meilleure preuve, dit-il en ramassant une balle mal coulée : que je devienne Druse sur l'heure, si ce n'est pas là une des lettres de change de nos courageux Algériens!

— Allons, mes amis, m'écriai-je, sans plus attendre, dirigeons-nous du côté de Damas; peut-être, en nous joignant aux soldats d'Abd-el-Kader, pourrons-nous sauver quelques infortunés.

Nous remontons rapidement à cheval et cherchons à suivre sur le sable de la route les vestiges de ceux que nous supposons devoir être les Algériens d'Abd-el-Kader.

Amrou descend souvent de son cheval, s'étend sur le sol, place l'oreille contre terre afin de saisir les moindres bruits du voisinage.

— A deux berris, dit-il, galopent une vingtaine de cavaliers ; — ils marchent vite et dans le même sens que nous, et, si nous voulons les joindre, il nous faut accélérer le pas.

Nous animons nos coursiers, et bientôt nous entendons assez distinctement le bruit des pas des cavaliers résonner sur le sol.

— Avant dix minutes, s'écrie Amrou en se penchant vers la terre, nous les aurons rejoints ; ils viennent de faire halte.

La prédiction de notre moukre était juste : — nous aperçûmes, au détour du sentier, une vingtaine d'Arabes qui plantaient leurs tentes au fond d'un ravin; Mauriac, impatient d'avoir des nouvelles de sa chère miss, prend les devants et revient tout joyeux, en nous annonçant que les compagnons d'Abd-el-Kader, après avoir donné une verte correction aux Druses, leur ont enlevé leurs prisonniers, parmi lesquels se trouvait naturellement la jeune Anglaise.

— Enfin, me dit-il, en me serrant affectueusement la main et donnant libre cours à toute l'incohérence de sa joie, enfin le ciel s'éclaircit; les bons Arabes nous sauveront tous; je vous invite avant trois mois à mon mariage, vous vous placerez à la droite d'Abd-el-Kader, que je veux avoir pour témoin.

Comme bien l'on pense, nous nous informons si le célèbre émir commande ses compagnons, car nous avons tous un vif désir de connaître en lui une des gloires les plus pures du dix-neuvième siècle. Malheureusement Abd-el-Kader est demeuré à Damas, car il sait que sa place est là, et que sa seule présence est une barrière aux furies sanguinaires des Druses et des musulmans.

En entrant dans le campement des Arabes, Mauriac me montra le *saint* auvergnat, et me le présenta à titre de compatriote. Ce personnage étrange, sorte de philosophe bohémien, était affublé de la défroque d'une vingtaine d'individus; il portait des babouches de diverses nuances, — un turban rapiécé, dont l'âge se perdait probablement dans la nuit des temps, et un caftan rouge, jaune et noir, qui ressemblait plus à une casaque d'arlequin qu'à une robe turque; — autour de son corps, s'enroulait une ceinture jaune orange, sur laquelle brillaient des paillettes d'acier et des verroteries globuleuses; — un collier de jais et de coquilles se tordait sans régularité autour de son cou et de ses bras; à ses oreilles, pendaient des anneaux de deux pouces de long, qui ressemblaient à deux calebasses.

Il fumait nonchalamment son chibouk, bourré de tabac de Latakieh, et portait napoléoniennement ses mains derrière le dos.

— Monsieur, me dit-il, viens-tu directement de France?

Ma réponse fut naturellement affirmative.

— Eh bien, sais-tu si l'on y reçoit bien ceux qui ont beaucoup souffert, et dont les aventures sont autrement semées de péripéties que celles de Robinson et d'Ali-Baba?

— Sans doute, répondis-je, on y reçoit toujours bien ceux qui promettent de divertir; mais garde-toi, si tu publies tes aventures, d'insister sur tes souffrances; car, si l'on est quelquefois sympathique au malheur devant le monde, on ne l'est jamais seul à seul en compagnie d'un volume; les écrivains larmoyants sont maintenant aussi redoutés que les poëtes: conte gaîment tes souffrances, danse comme le petit Savoyard ou le pifférare en retenant tes pleurs, chante en réprimant tes cris de douleur, en un mot sois comédien et tu as chance de plaire.

— Eh bien ! reprit-il, je te conterai mon histoire, et tu verras si, revêtue d'une bonne robe de prose, elle pourra faire son chemin en France.

Je serais très-certainement entré sur l'heure en possession de l'histoire du *saint* auvergnat, si l'ami Mauriac, qui m'avait quitté précipitamment pour s'élancer à la recherche de miss Clara, n'était revenu la tête basse avec une physionomie sombre et presque lugubre.

— Qu'avez-vous Mauriac, m'écriai-je ? N'avez-vous pas retrouvé votre belle amie ?

— Hélas ! si, répliqua-t-il tristement.

Eh bien !

— Eh bien !... mon cher monsieur.

— Elle ne vous a pas reconnu ?

— Précisément : — auriez vous supposé une pareille ingratitude ?

— Rien ne me surprend ! Croyez-moi, n'y songez plus !

— N'y plus songer ! s'écria avec feu Mauriac, mais c'est demander ma vie.

— C'est, au contraire, vouloir que vous la conserviez ; malheureux ! souvenez-vous de votre voyage accidenté de Baalbek à Damas, et, sur cette terre sentencieuse de l'Asie, méditez au moins la pensée de je ne sais plus quel sage en tarbouche : *Les femmes sont les filets de Satan* ; et cet autre aphorisme, antique comme le monde : « L'amour plante une tente dans notre cœur, mais l'amitié y bâtit. » Bâtissez, bâtissez ! Je vous promets de placer ma maison tout près de la vôtre !

Nous en étions là de nos causeries, lorsque miss Clara sortit d'une tente, la main droite appuyée sur l'épaule d'un jeune nègre, et promenant un regard orgueilleux sur la foule qui l'entourait.

J'eus le désir de voir de plus près cette beauté si fière, si peu compatissante, et m'approchai d'elle, entraînant à ma suite l'infortuné Mauriac.

— Mademoiselle, lui dis-je, le monde parlera un jour de la fermeté, du courage, de la seconde lady Esther Stanhope.

— Oh ! oh ! vous flatter moa, dit-elle, avec cet enthousiasme flegmatique que les Anglais ne manquent jamais d'avoir dans les grandes occasions ; vous flatter beaucoup moa, mais adorer Abd-el-Kader et vouloir être le bon génie de lui.

Je compris que notre petit Auvergnat devait être un triste héros à côté du grand émir, et pensai qu'une personne de l'imagination de miss Clara devait mépriser le dévoûment servile, comme celui de Mauriac, et admirer au contraire le dévoûment qui se généralise.

— Oui, me dit miss Clara, puisque mon oncle a perdu la vie, je demeurerai en Syrie et continuerai l'œuvre de lady Esther Stanhope. Les Arabes être grands, les Turcs petits ; — eux l'avenir — les autres le passé.

— Allons, mon ami, fis-je à voix basse à Mauriac, un proverbe arabe prétend sagement qu'on ne peut prendre tout oiseau qui vole ; — croyez-moi, il n'y a plus rien à faire ici pour vous ; partez, ne songez plus à miss Clara, et naviguez à voiles déployées du côté de la science, grande consolatrice des affligés. La science, au dix-neuvième siècle, est le couvent des malheureux : retournez les in-folio, fouillez le sol, déchiffrez les inscriptions, préparez-vous un fauteuil dans une de nos cinq académies, allez droit devant vous sans vous dévier pour admirer la blonde ou la brune ; vous songerez à un établissement lorsque votre crâne sera dégarni ; mais y penser auparavant, c'est folie pour un savant : — imprudent ! ne connaissez-vous pas la grande vérité arabe : — « La femme alourdit les ailes de l'âme » ? Si vous voulez être érudit, fermez votre cœur à tout attachement, car les affections sont autant de coups de pioche à l'édifice de la science.

Il se fit, en cet instant, un grand bruit dans le camp.

— Alerte ! alerte ! s'écriait-on de toutes parts, et les Arabes, étendus au pied de leurs tentes, s'emparaient précipitamment de leurs longs mousquets ; et les pauvres Maronites se sauvaient pêle-mêle derrière les retranchements, comme une troupe d'agneaux timides.

Tous les regards se portaient du côté du sommet de la montagne qui bornait le camp, dans la direction du nord, et l'un des Arabes désignait avec précision trois points noirs qui venaient de s'agiter subitement à l'horizon, et qui, selon toutes probabilités, étaient des guerriers, avant-garde de troupes druses.

— Il faut, disait l'Arabe, que les diables soient nombreux et bien sûrs d'eux, pour oser s'avancer au grand jour.

Et, comme on le soupçonne, à ces conjectures, l'effroi général redoublait.

— Une longue-vue ! une longue-vue ! demandons-nous, impatients de savoir quels ennemis nous allons avoir à combattre, et nous cherchons, mais vainement, une lunette d'approche, qui nous aurait permis de connaître la vérité.

— Palsambleu ! s'écrie notre vieux militaire Godefroy, en examinant avec la plus vive attention ces trois points mystérieux ; — les gaillards marchent en zig-zag comme des hyènes à la recherche d'une pâture, et semblent flairer la terre comme des bêtes carnassières.

Nous nous attendons, à chaque seconde, à voir surgir du sein de la montagne des milliers d'ennemis, et nous nous tenons prêts à une résistance opiniâtre, l'épée nue à la main ou le doigt sur la détente de nos carabines.

Nos quatre Anglais se sont postés prudemment derrière un énorme rocher, et leur physionomie parfaitement calme semble dire : « Nous allons jouir du spectacle; acteurs, jouez votre rôle; en scène, messieurs! » Quant à John Speck, plus terrible que jamais, il s'est posté audacieusement sur la pointe d'un roc qui surplombe la vallée, et, si une balle part du côté ennemi, elle le frappera évidemment le premier. Bravo, John Speck ! Mais nos Arabes, qui ne sont pas moins courageux que vous, s'allongent sur le sol, s'accroupissent dans les anfractuosités, et, tout en ménageant leur vie, défendront plus, au besoin, celle des Maronites et la nôtre. Le courage utile n'est pas la témérité.

Cinq ou six minutes pleines de perplexité s'écoulent.

— Ah ! par le diable ! singuliers rascals ! s'écrie tout à coup John Speck, en abandonnant sa place et en haussant les épaules, voilà la plus méchante mystification que j'aie jamais subie ! Contemplez nos ennemis, messieurs, contemplez les belles têtes de Druses.

Nous regardons à vingt pas devant nous, et..... un formidable éclat de rire part immédiatement de tous les coins du camp! Les ennemis qui viennent de nous causer une si forte alerte, ne sont que nos trois gros et blonds Allemands, les naturalistes bavarois, partis pour la Syrie afin de compléter la fameuse Flore de Hooker, incomplète sur le compte des dicranoïdées.

Les braves savants ne comprennent rien à l'hilarité qui accueille leur arrivée, et nous demandent naïvement si c'est le plaisir de les voir qui nous rend si joyeux; — nous leur en donnons l'assurance, et, pour nous témoigner leur reconnaissance, ils n'hésitent pas à nous montrer toutes les richesses naturelles qu'ils ont prises dans le Liban; — c'est la xéranthème aux fleurs jaunes; le myrte, emblème de cette antiquité gracieuse et voluptueuse tout à la fois; des pommes de cèdre cueillies au faîte même du Liban, dans ce petit bois d'environ quatre cents pieds d'arbres, qui étendent leurs rameaux noirs et séculaires sur un plateau de 2,000 mètres d'altitude, situé vers la source du Nahr-Kadichak (rivière de Tripoli). Les intrépides naturalistes nous montrent, avec un saint enthousiasme, les dépouilles de ces géants de la nature, dont douze sont, à ce que l'on prétend, les contemporains de Salomon, et dont l'âge serait par conséquent d'environ trois mille ans.

Non contents de graver leur nom sur un cèdre, à côté de ceux de M. de Lamartine et de la pauvre Julia, nos Allemands ont fait l'ascension de quatre des cèdres, et ont voulu étudier les insectes et particulièrement les espèces de fourmis qui y ont élu domicile. Ils sont prêts à publier un voyage scientifique dans un arbre.

Nous passons quelques bonnes heures, très-heureux d'avoir été les dupes de la savante Allemagne, et, comme le soleil disparaissait à l'horizon, empourprant l'Occident de ses rayons de feu, les Algériens se recueillent et élèvent leur voix vers Allah, tandis que nous, à genoux, nous adressons une prière mentale à Dieu, et le supplions d'abaisser un regard plus clément sur la terre des Maronites.

XXII

L'ÉMIR ABD-EL-KADER

Le lendemain, je voulus étudier ces nobles physionomies algériennes au teint bronzé, aux yeux noirs et profonds, à la démarche fière et pourtant souple et élégante ; — je dis à l'un d'eux, grand Arabe nommé Mohammed-Ali, de s'asseoir à côté de moi, et, tout en esquissant ses traits mâles et sévères, je l'interrogeai sur le grand émir, jadis le plus loyal de nos adversaires, aujourd'hui le plus sincère de nos alliés.

— Ce fut, me dit-il, un jour de lumière éclatante que celui de la naissance de notre grand émir, Abd-el-Kader, fils de Mah'i-ed-Din (1).

---

(1) L'Arabe, mon interlocuteur, ne se contenta pas de me citer le père d'Abd-el-Kader, il me nomma toute sa généalogie ; — en historien fidèle, je la transcris :

ABD-EL-KADER, fils de Mah'i-ed-Din, fils d'El Mos't'afa, fils de Moh'ammed, fils d'El-Mok'târ, fils d'Abd-el-Kader, fils d'Ah'med, fils d'Abd-el-Kader, fils d'Ah'med, fils de Moh'ammed, fils d'Abd-el-Kaoui, fils d'Ali, fils d'Ah'med, fils d'Abd-el-Kaoui, fils de K'âled, fils de Youcef, fils d'Ah'med, fils de Bachâr, fils de Moh'ammed, fils de Maçoud, fils de T'aous, fils de Yàcoud, fils d'Abd-el-Kaoui,

10.

Son père était un marabout très-vénéré de la province d'Oran, appartenant à une très-ancienne famille de marabouts dont l'origine remonte aux khalifes Fatimites; — Abd-el-Kader descend en ligne directe du prophète d'Allah, le divin Mohammed.

Le Coran fut le premier livre de l'émir, et il en sera le dernier. C'est le livre par excellence.

A quinze ans, Mah'i-ed-Din envoie son fils à Oran, où il passe une année avec les fils des principales familles turques et arabes. Bientôt après, un pélerinage à la ville sainte, la Mecque, devait compléter l'éducation d'Abd-el-Kader.

A cette époque, Mah'i-ed-Din entrevoit déjà les destinées de son fils, et parle de visions célestes qui annoncent sa grandeur et son sublime avenir. Le gouvernement turc, ombrageux et timide, comme tout gouvernement faible et perverti, craint ce jeune héros qui grandit en sagesse et en intelligence, et que la volonté d'Allah semble désigner du doigt. L'arrestation de Mah'i-ed-Din est ordonnée et exécutée; mais les chefs arabes interviennent, et les chaînes des innocents se brisent.

---

fils d'Ah'med, fils de Moh'ammed, fils d'Edris, fils d'Edris, fils d'Abd-Allah le Parfait, fils d'El H'açan *El Matna*, fils d'El-H'açan, petit-fils du Prophète, fils d'Ali, fils d'Abou-T'àleb, fils de Hachem (la mère d'El H'açan était Fât'ima, fille de Moh'ammed, Prophète de Dieu, fils d'Abd-Allah, fils d'Abd-el-Mot't'alib, fils de Hachem), est né en 1807 (an 1222 de l'Hégire).

Abd-el-Kader et son père se dirigent vers Tunis et s'embarquent pour Alexandrie; pendant son séjour en Égypte, il voit Mohammed-Ali et s'initie aux mystères de la politique, à l'école du grand vice-roi. Le pélerinage de la Mecque accompli, Abd-el-Kader se rend à Bagdad, pour visiter la tombe de son patron, le plus fameux marabout de l'islam, Sidi-Abd-el-Kader-el-Djejeli.

Au moment où les pèlerins, accablés de fatigue et de chaleur, allaient franchir le seuil du tombeau, un ange, sous la forme d'un nègre, en sortit et leur offrit des dattes, du miel et du lait. Abd-el-Kader et ses compagnons eurent à peine mangé une datte, que leur faim fut rassasiée.

Le lendemain, tandis qu'Abd-el-Kader faisait paître ses chevaux, Mah'i-ed-Din s'étant rendu au tombeau, le même nègre parut sur le seuil et lui demanda d'une voix sévère où était le sultan.

— Seigneur, répondit le marabout des Hachems, nous sommes de pauvres gens craignant Dieu et revenant de la Mecque, il n'y a pas de sultan parmi nous.

— Le sultan, reprit le nègre avec autorité, est celui que vous avez envoyé conduire vos chevaux dans la plaine, comme si ces fonctions convenaient à celui qui doit un jour commander tout le *Gharb*.

Et comme Mah'i-ed-Din manifestait la crainte que ces paroles n'attirassent sur lui la fureur des Turcs, l'ange compléta sa prédiction en ces termes :

Le règne des Turcs touche à sa fin !

Vers une des dernières lunes de l'année, Abd-el-Kader et son père, de retour dans leur tribu, cherchaient à se faire ignorer du pouvoir, ne s'occupant en rien d'affaires politiques, mais s'attirant l'estime et la vénération du peuple par une conduite exemplaire, une grande piété et des bienfaits de tout genre.

Abd-el-Kader, désireux de s'instruire et de connaître les moindres campements de ses concitoyens, partit pour le pays des Gharabas. Arrivé à une faible distance des gourbis d'un de ses parents, et côtoyant au pas de son cheval une petite rivière ombragée de caroubiers, il se trouva en face de deux femmes, qui, à sa vue, laissèrent échapper un cri d'effroi et se sauvèrent en ramenant leur haïk sur leur figure.

L'une était jeune et d'une beauté remarquable; sa vue troubla Abd-el-Kader, qui, en se retournant pour l'admirer encore, rencontra de grands yeux noirs.

Au moment où Abd-el-Kader se retirait de la tente de son parent, il entendit une voix douce et triste qui chantait :

> Je suis fille d'un chef puissant.
> Je suis belle, pourtant je pleure ;
> On a vu mon visage ; puis-je me marier ?
> Le jour où mon voile tombera,
> Devant mon mari je tremblerai,

> Car mon cœur est au bel étranger
> Qui le premier a vu ma figure.

Abd-el-Kader se retira pensif et ému. Au milieu de la nuit, une vieille femme parut dans sa tente et lui dit :

— Voici trois fleurs que Lella Keïra, ma maîtresse, a cueillies pour toi le long de la rivière où tu l'as rencontrée hier ; l'une est blanche comme son âme, l'autre est rose comme le bonheur, et la troisième brune et sombre comme la nuit, symbole de la tristesse.

Le lendemain, Abd-el-Kader retrouva les traces de la belle Keïra ; — en le voyant, celle-ci ramena son haïk sur sa figure, mais elle se découvrit bientôt et permit au jeune homme de s'enivrer de sa vue.

La noble jeune fille et Abd-el-Kader se promettaient une éternelle affection et allaient se quitter, lorsqu'un ennemi de la belle Keïra, qui se tenait caché derrière un massif de lentisques, se montra subitement ; tandis que la jeune fille s'éloigne à pas précipités, Abd-el-Kader s'élance dans le massif un poignard à la main.

L'homme fuit ; le jeune Arabe bondit vers lui comme un tigre.

Le Gharaba se retourne épouvanté, puis accélère sa course, mais Abd-el-Kader gagne du terrain et bientôt son ennemi peut entendre sa respiration saccadée; Abd-el-Kader lève le bras pour le frapper, quand le Gharaba se retourne et lui lance à la figure son haïk, dont il est parvenu à se débarrasser.

Aveuglé, Abd-el-Kader chancelle et tombe. Le fuyard reprend sa course.

Cependant le futur émir se relève promptement, et de nouveau se met à sa poursuite.

Quelques instants après, il avait regagné le terrain perdu.

Alors le Gharaba change de direction, s'élance vers la rivière et s'y précipite.

Abd-el-Kader s'y jette après lui, et le même sillon tracé par le corps du Gharaba reçoit, avant de s'effacer, le corps du Hachem.

Jeune, vigoureux et excellant à tous les exercices du corps, Abd-el-Kader ne tarda pas à s'approcher de son ennemi; mais au moment où il levait le bras pour le frapper, le Gharaba plongea, disparut, et bientôt saisit par derrière Abd-el-Kader, qui disparut à son tour.

L'eau s'agite un instant, puis le mouvement se calme, la surface se teint de pourpre... Abd-el-Kader reparaît seul.

D'un coup d'œil, il interroge la surface de l'eau... il aperçoit le cadavre de son ennemi soulevé par le flot.

Le jeune Arabe regagne avec peine le rivage.

Arrivé dans sa tente, il fait ses préparatifs de départ et prend congé de son oncle. Sur son chemin, il se croise avec l'esclave de Keïra : — Dis à ta maîtresse que les yeux qui l'ont épouvantée sont fermés pour toujours, et que la langue qui pouvait trahir est devenue muette.

Puis il piqua son cheval et s'éloigna rapidement. De retour dans sa tribu, et après avoir rendu compte à Mah'i-ed-Din du résultat de sa mission, Abd-el-Kader raconta à sa mère son affection pour Keïra et la supplia de donner son consentement à son mariage.

Lella Zoh'ra accueillit cette nouvelle avec joie, et bientôt Mah'i-ed-Din demanda la main de Keïra pour son fils et paya la dot.

Lella Keïra est encore la femme de l'émir ; — elle l'a suivi dans sa bonne comme dans sa mauvaise fortune.

Deux ans après le retour d'Abd-el-Kader dans sa tribu, la prédiction du nègre du tombeau de Muley-Abd-el-Kader-el-Djejeli se réalisait : le règne des Turcs était fini, le règne des Turcs n'était plus que le passé pour les Arabes d'Algérie !

Le reste, continua l'Arabe en soupirant, vous le savez mieux que moi : — après la prise d'Alger par les Français, une brigade composée de vos soldats et que commandait le général Damrémont partit d'Alger en votre année chrétienne de 1830, et s'empara de Mers-el-Kebir. Peu de temps après, elle prenait possession d'Oran sans effusion de sang, et Sidi-Ahmed, parent du bey de Tunis, était installé comme bey d'Oran.

A cette époque, cette province était livrée à la plus horrible anarchie. Un vague désir d'indépendance nationale fermentait dans toutes les têtes; mais l'unité manquait, et, quand le soleil n'éclaire pas, on tombe de précipices en précipices. La ville de Mascara se révolte contre les Turcs, qui avaient cru pouvoir s'y maintenir après la chute du dey, et, après les avoir chassés ou égorgés, elle se constitue en république. Celle de Tlemcen est partagée entre les indépendants, qui occupent la ville, et les Turcs et les Koulouglis, maîtres de la citadelle.

Plusieurs cadis renient leur sang et vendent leur âme à vos chefs. — Nous méprisons trop les Turcs pour nous rallier à eux, nous estimons trop notre indépendance pour nous rendre ; — la division règne partout : les souffrances et les remords la suivent de près.

Cependant un chef allait se montrer, car les rayons célestes l'inondaient déjà : — ce chef, c'était Abd-el-Kader.

On était arrivé aux premières lunes de 1832 ; — l'empereur de Maroc avait essayé de joindre à ses états la région la plus occidentale de l'Algérie ; mais l'armée qu'il avait envoyée se révolta et rentra sur le territoire marocain sans avoir obtenu aucun résultat. Les tribus de la province s'étaient opposées à l'invasion des troupes de l'empereur de Maroc ; car nous, Arabes, nous savons que changer de maîtres, c'est se ranger sous des tyrans plus farouches encore ; et de maîtres, nous ne voulions que nos chefs, quelque sévères qu'ils fussent ! Après avoir repoussé les hyènes du Maroc, nous songeons à vous attaquer. Nous marchons droit sur Oran et commençons la fusillade.

Abd-el-Kader se distingue par son sang-froid et son incomparable audace ! Près du fort Saint-Philippe, son cheval est tué sous lui ; peu de jours après, dans le combat de Sidi-Chabal, livré sous le canon de la place, il déploie un courage qui l'élève au rang des héros. Semblable à la lumière, sa réputation pénètre partout.

Les chefs des trois plus grandes tribus de la province, les Hachems, les Beni-Amer et les Gharabas, poussés à bout par la misère publique, se réunissent dans la plaine de l'Eghris, avec l'intention de prendre un parti définitif ; — ils offrent le pouvoir à Mah'i-ed-Din, pour lui-même et pour son fils Abd-el-Kader, disant qu'ils le rendraient responsable devant Allah des maux qui pourraient résulter de son refus.

Sur ces entrefaites, un marabout célèbre, âgé de cent dix ans, Sidi-el-Aratch, parcourt le pays en racontant qu'il a vu dans un songe Abd-el-Kader assis sur un trône et rendant la justice.

Vaincu par cette nouvelle preuve de la volonté céleste, Mah'i-ed-Din fait appeler son fils et lui demande comment il entend l'exercice du pouvoir de la justice.

Abd-el-Kader lui répond :

— Si j'étais sultan, je gouvernerais les Arabes avec une main de fer, et, si la loi m'ordonnait de faire une saignée derrière le cou de mon propre frère, je l'exécuterais des deux mains.

A ces mots, Mah'i-ed-Din annonce solennellement sa fin prochaine, prend son fils par la main, sort avec lui de la tente qu'entourait la foule inquiète, et s'écrie :

— Voilà le fils de Zoh'ra! Voilà le sultan qui vous est annoncé par le prophète!

Une acclamation unanime s'élève aussitôt, et d'innombrables cavaliers célèbrent, par des fantasias, la fête du grand avénement.

Ce jour-là ne sortira jamais de ma mémoire : Abd-el-Kader avait vingt-huit ans ; son large front était pâle comme la nue qui s'élève du sein des eaux, son regard inspiré semblait être celui d'un homme-dieu ; — il montait un cheval magnifique, qui frissonnait sous l'étreinte de son maître, balayait la poussière de sa longue queue et jetait au vent les poils abondants de sa crinière.

Quel rayon magique errait sur les yeux et sur les lèvres de notre jeune héros! On eût dit qu'il avait pris une partie de notre âme, et qu'en abaissant son noble regard sur nous, il faisait pénétrer la sienne dans la nôtre.

Ses vêtements étaient simples, mais d'une majesté infinie ; — toute sa richesse numéraire consistait en quatre *oukyas* (1 fr. 25 c.), noués dans un coin de son haïk. Un chef le plaisanta sur sa petite fortune, il répondit en riant :

— Dieu m'en donnera d'autres !

Il disait vrai : — on vient de toutes parts lui offrir des cadeaux magnifiques ; — le soir même, sa tente était remplie de richesses et débordait d'opulence ; — le lendemain, quand il entra dans Mascara, les Mozabites et les Juifs, frappés d'une contribution, lui livrèrent 200,000 boudjous.

Trois tribus avaient proclamé Abd-el-Kader, — une seule, peut-être, avec un dévouement inaltérable, parce qu'il en était sorti. « Les autres, disait le fils de Mah'i-ed-Din, sont mes habits ; les Hachems sont ma chemise. »

A peine entré dans Mascara, Abd-el-Kader se rend à la Mosquée ; — on célèbre sur ses pas la gloire d'Allah, et on l'acclame avec enthousiasme aux cris de *Djelah*, c'est-à-dire guerre sainte.

Dans un discours où toute son âme immense se révélait, notre maître s'engage à conduire la guerre nationale avec la plus grande énergie ; — il réclame de nous la plus entière soumission, et commence le texte du Coran ; « — Combattez les infidèles, en frappant et tuant leurs personnes, en pillant et détruisant leurs biens ! Combattez-les jusqu'à ce que tout culte soit celui du Dieu unique ! »

Il parla, et notre âme fut à lui.

Le prophète a dit aussi : « Faites la guerre aux Infidèles jusqu'à ce qu'ils payent le tribut et qu'ils soient soumis ; — ne les appelez point à la paix tant que vous leur serez supérieurs ! »

N'était-il pas de notre devoir d'obéir au prophète ?

Les discours d'Abd-el-Kader eurent un puissant retentissement parmi les populations réunies autour de lui, mais son action ne se borna pas là ; il écrivit à toutes les tribus pour leur apprendre son élévation, le saint emploi qu'il voulait en faire ; il leur nomma des chefs choisis parmi les membres de leurs grandes familles dont il redoutait le moins les dispositions personnelles ; — puis, il envoya de magnifiques présents au sultan du Maroc, afin de s'en ménager l'appui. Celui-ci ratifia l'élection du peuple, et le reconnut comme le chef de la religion.

Ce fut alors qu'une lutte terrible s'engagea entre nous et vos troupes ; nos tribus, toujours en armes, vinrent plus d'une fois vous provoquer jusque sous les murs d'Oran.

Quels combats ! Votre général Desmichels fait plusieurs sorties et nous envoie force mitraille. Nous résistons ; mais, plus forts que nous, vous avancez ! Allah ! Quelle journée ! Nous nous retranchons dans le camp du Figuier ; — pendant plusieurs soleils, nous échangeons nos balles avec les vôtres, et la mort fauche en tous sens les deux corps d'armée. Mais le nombre fait souvent la force : — vous triomphez !

Désespérés et à bout de ressources, nous emportons nos tentes plus loin. — Abd-el-Kader se dirige sur Tlemcen, où il se fait proclamer sultan par les Hadars. Il lève des contributions, appelle le contingent des tribus, et marche sur Mostaganem, la plus importante cité du beylik, après Mascara et Tlemcen.

Il prend Arzew, mais se retire quelque temps après. — Malgré plusieurs revers, Abd-el-Kader veut encore tenter contre vous la fortune des armes : — la fatalité s'acharne contre nous. Il nous faut plier à Melata, à Aïn-Bedha et à Tamzouat. Les victoires même achetées aux prix du sang le plus cher semblent faire sortir du sol des alliés ; — les échecs créent le vide même autour des braves.

Le grand émir voit se détacher de lui des tribus qui venaient de lui promettre une éternelle soumission. Seuls, nous, ses vieux amis de combat et de souffrance, nous demeurons aussi solidement attachés à sa fortune que le cuivre l'est à l'or lorsqu'on les coule ensemble.

— Mes amis, s'écrie-t-il, en promenant sur nous ce regard superbe et profond que ses plus cruels ennemis ont admiré; mes amis, Allah est grand, l'homme est faible. Des torrents de Francs ont englouti plusieurs d'entre nous, mais les morts eux-mêmes tressaillent au saint nom de liberté; — relevons-nous, marchons, combattons pour l'indépendance! Vivre sous le coup d'un affront, c'est mourir; — mourir pour l'honneur, c'est vivre pour l'éternité glorieuse! En avant! N'est-il pas dit, fils du désert, qu'Allah a marqué l'heure suprême des mortels? Ce n'est pas le yatagan qui frappe, c'est le destin! Exécration soit sur la tête des coupables qui abdiquent la foi la plus sainte en abandonnant nos drapeaux! Qu'Allah soit inexorable pour eux! C'est cracher à la face du Très-Haut que de fuir devant le péril! Marchons à la gloire!

Nous retournons au combat, mais de nouveaux revers nous forcent d'accueillir des propositions de paix : — cependant, entre nous, nous jurons de recommencer la guerre.

Abd-el-Kader s'établit à Mascara, et profite de la paix pour asseoir sa puissance et rassembler les membres épars de la nationalité arabe. Son épée ne demeure pas inactive : il châtie des tribus voisines, se crée partout des partisans, en sortant victorieux de tous les combats. Votre général Trézel, qui avait succédé au général Desmichels, fait d'inutiles efforts pour étouffer l'avenir brillant de l'émir; — il est défait et rappelé honteusement en France.

Bientôt après, le maréchal Clauzel concentre ses forces à Oran;—le duc d'Orléans vient le rejoindre, et l'armée française s'empare de Mascara et de Tlemcen.

Nous devions connaître ensuite à nos dépens le général Bugeaud, qui, tout en étant le père de votre armée, fut bientôt le *seigneur à la grosse tête* (lion) de nos troupes. Ce vaillant ennemi, qui nous étrilla si cruellement et fut l'auteur de la déroute de la *Smala*, paraissait faire sortir des baïonnettes de dessous terre. — Étions-nous dans le désert, tout à coup la fanfare de vos chasseurs résonnait, et les balles commençaient à chanter dans l'air. — Nous trouvions-nous dans les montagnes, les rochers semblaient s'entrouvrir pour vomir sur nous des nuées de pantalons rouges !

N'importe, si les journées étaient rudes, on recueillait aussi à pleines mains des palmes glorieuses. Quoique défaits sur certains points, nous n'en prenions pas moins nos revanches. Le traité de la Tafna accorde une nouvelle puissance à l'émir, qui tente de mettre à exécution sa première pensée : c'est-à-dire d'élever un empire Arabe sur les ruines de l'empire Turc. La vie était belle alors pour nous. L'avenir semblait ensemencé de lauriers et de myrtes. Notre grand émir devenait de fait souverain de toute l'ancienne régence d'Alger, et le monde murmurait son nom avec admiration.

Nous vîmes trois fois l'Atlas se couvrir de neige, sans que la paix fût troublée; mais le fils aîné de votre roi (le duc d'Orléans) se montra, et les fliças durent bientôt sortir de nos ceintures. S'apercevant que, les premiers, vous souhaitiez la guerre, Abd-el-Kader, prince des croyants, écrit au maréchal Valée (1) :

« Personne ne veut plus la paix, chacun de nous se dispose à la sainte guerre; renvoyez mon consul, qui est à Oran, afin qu'il rentre dans sa famille. Tenez-vous prêt. Tous les musulmans déclarent la guerre sainte. Vous ne pouvez, quoi qu'il arrive, m'accuser de trahison. Mon cœur est pur, et je ne ferai jamais rien de contraire à la justice. »

Les combats recommencent. — Abd-el-Kader lutte pour Dieu et pour sa patrie, car la gloire personnelle n'a jamais rien été pour sa grande âme (2). Peut-être aurions-nous triomphé, si la trahison n'était pas venue jeter son poison dans nos rangs.

Il se trouva, à cette époque, un homme d'un esprit subtil, qui se glissa parmi nous comme un chacal, et parvint à se montrer aux yeux de l'émir, sous l'apparence la plus loyale et la plus franche.

(1) Le 18 novembre 1839, Médéah.
(2) Le général Duvivier, un de ses adversaires, à cette même époque, disait d'Abd-el-Kader : « Pauvre enfant du désert, n'ayant pour toute richesse que ton Coran, ton chapelet et ton cheval, pour armes que ton génie et ta parole, tu tomberas peut-être comme le haut palmier sous l'effort du simoun : « *How stately art-thou, son of the desert? but this three may fall.* » Mais les générations futures exalteront ton nom. Malheur à l'homme qui ne saurait bénir les martyrs de la liberté. »

Cet homme appartenait à votre armée, connaissait à fond la stratégie, maniait habilement la parole et la plume, concevait les actions les plus hardies, mesurait en un instant le pour et le contre de toutes choses, recélait sciences et arts dans son prodigieux cerveau. L'émir fut ébloui, il se confia au nouveau venu, qui lui jura une fidélité à toute épreuve.

Ainsi l'avait écrit Allah, dans son livre du destin; n'en glorifions pas moins Allah !

Lorsqu'il fut au fait de tous nos projets et qu'il n'ignora aucune de nos intentions, le confident d'Abd-el-Kader simula une reconnaissance dans le voisinage, se présenta dans votre camp, et divulgua les secrets de notre politique. Voulant pousser encore plus avant sa méchante action, il revint ensuite s'abriter sous nos tentes. Cependant une lettre avertit Abd-el-Kader du danger qu'il court, et l'éclaire sur le compte de son faux ami; des renseignements plus circonstanciés sont pris, la vérité se fait et apparaît sous son horrible jour. La peste de la trahison s'était introduite, la mort allait marcher à grands pas. Sachant pourtant maîtriser son courroux, l'émir fait entrer le misérable dans sa demeure, lui présente une natte et lui offre le couscoussou.

— Un de mes aïeux, dit-il avec impassibilité, un de mes aïeux nommé Youcef, fils d'Ahmed, fit un jour une bonne action : il reçut dans sa tente un noir qui manquait de tout; le malheureux était sur la pente du tombeau, il l'en retira, lui offrit la meilleure place dans le gourbi, partagea le sel avec lui, et lui jura aide et protection. Le noir embrassa ses pieds, lui promit d'être son serviteur jusqu'à la mort et se laissa combler de présents. Tout alla bien pendant quelques lunes, mais un jour, au détour d'une montagne, le noir, se voyant seul avec Youcef, lui planta son fliça en pleine poitrine, le dévalisa, et se sauva dans un camp ennemi. Connaissais-tu l'histoire de mon aïeul ?

— Oh ! repartit le traître en s'efforçant de sourire ; — je la connaissais ! On ne pouvait attendre d'un nègre qu'une action noire.

— Et d'un blanc renégat qu'une action honteuse ! s'écria l'émir en foudroyant le misérable de son regard d'aigle. Je t'ai suivi, tu as violé les plus saintes lois, je te voue à l'exécration générale, au mépris de tes concitoyens, au mépris de toi-même et aux remords !

— Généreux émir, exclama-t-il en tombant à genoux, je suis coupable, mais grâce aujourd'hui pour ma vie : je veux racheter mes fautes en me faisant tuer pour toi.

— Tu mourras demain, lui dit froidement Abd-el-Kader ; c'est arracher la ronce malfaisante que de mettre à mort les lâches ; j'ai dit ; — prépare-toi à vivre mieux dans l'éternité.

Voyant qu'il était inutile de prier l'émir, le traître songea à le percer par derrière d'un coup de yatagan, mais l'arrivée de plusieurs Arabes ne lui permit pas d'exécuter son crime.

Lié, les mains derrière la tête, il fut jeté dans une tente à la porte de laquelle se tinrent plusieurs Arabes fidèles. La nuit venue, un des serviteurs du traître, nommé Edris, touché du malheur qui allait frapper son maître, se faufila adroitement auprès de lui et lui proposa la fuite.

— Comment me sera-t-il possible de sortir? lui demande douloureusement le traître.

— Tout est préparé, répondit Edris; lorsque ce sifflet aura retenti, un de tes esclaves placé à cent pas d'ici fera immédiatement résonner le bruit d'une fanfare française; — pendant la rumeur qui s'emparera du camp, nous gagnerons le désert.

Quelques minutes après, deux hommes s'élançaient dans la campagne et se perdaient ensemble dans les hautes herbes.

Deux jours se passèrent : les fugitifs croyaient sans cesse entendre sur leurs pas le galop de nos coursiers et le bruit de nos armes; enfin, épuisés de fatigue, ils tombèrent au pied d'un petit rocher qui surplombait le sentier et s'endormirent profondément.

Le traître se réveilla le premier, examina les environs, et s'aperçut qu'il n'était qu'à deux cents pas du camp français. Mille réflexions diaboliques vinrent l'assaillir.

« Si j'apparaissais seul, au milieu de mes compatriotes, se disait-il, je pourrais simuler une excursion malheureuse ; mais, accompagné de ce maudit esclave, je suis obligé d'avouer mes mésaventures, et mon avenir peut en souffrir. »

Il regardait alors Edris, qui dormait d'un profond sommeil : — il se sentit de plus en plus agité par le démon.

— Le sort en est jeté ! s'écrie-t-il, j'apparaîtrai seul au camp français !

Et d'un bond il s'élance sur le rocher, se place sur la pointe qui faisait angle sur le chemin et pèse de tout son poids. Le roc oscille un moment, cède enfin, et s'effondre sur le corps du malheureux esclave.

— Allons ! ce n'était qu'un parasite ! s'écrie-t-il.

Et se sentant déchargé d'un poids, il entre en souriant dans le camp français.

Quelques jours après, Abd-el-Kader, trahi par ce misérable, était fait prisonnier et conduit en France ; — nous, ses premiers amis, nous ne voulûmes pas que nos petits-fils pussent un jour nous dire : « Vous aviez un maître grand comme le monde, et vous l'avez servi tant que sa fortune a duré ! La malédiction plane sur notre tête ! Le sang qui coule en nous est corrompu ! » Nous jurâmes de suivre ses pas partout où il les porterait. — Conduit à Toulon, puis au château de Pau et enfin au château d'Amboise, l'émir vécut toujours dans le plus complet isolement, et pourtant des marabouts français (1), des princes de toutes les nations, se faisaient un honneur de le visiter, et auraient aimé à lui consacrer leur vie. « Je suis prisonnier, disait-il, je ne dois pas appartenir au reste du monde ! » Et il demeurait enfermé des journées entières dans une chambre étroite, commentant le Coran et rêvant au désert.

Cinq années s'écoulèrent ainsi. — Cependant l'heure de la liberté allait bientôt sonner.

Au retour d'un voyage dans le midi, le prince qui dirigeait la France et qui plus tard devait la gouverner sous le nom d'empereur, s'arrête à Amboise, se fait ouvrir les portes du château, s'approche de l'émir, et lui dit devant nous tous assemblés :

Abd-el-Kader,

« Je viens vous annoncer votre mise en liberté. Vous serez conduit à Brousse, dans les états du Sultan, dès que les préparatifs seront faits, et vous y recevrez du gouvernement français un traitement digne de votre ancien rang.

« Depuis longtemps, vous le savez, votre captivité me causait une peine véritable, car elle me rappelait sans cesse que le gouvernement qui m'a précédé n'avait pas tenu les engagements pris envers un ennemi malheureux, et rien à mes yeux de

---

(1) L'évêque Dupuch fut un des leurs.

plus humiliant pour le gouvernement d'une grande nation que de méconnaître sa force au point de manquer à sa promesse. La générosité est toujours la meilleure conseillère; et je suis convaincu que votre séjour en Turquie ne nuira en rien à la tranquillité de nos possessions d'Afrique.

« Votre religion, comme la nôtre, apprend à se soumettre aux décrets de la Providence. Et si la France est maîtresse de l'Algérie, c'est que Dieu l'a voulu, et la nation ne renoncera jamais à cette conquête.

« Vous avez été l'ennemi de la France, mais je n'en rends pas moins justice à votre courage, à votre caractère, à votre résignation dans le malheur; c'est pourquoi je tiens à honneur de faire cesser votre captivité, ayant pleine foi dans votre parole. »

Abd-el-Kader vint ensuite à Paris et reçut de votre sultan un sabre d'honneur : « Ce sabre, lui dit Napoléon, je te le donne, parce que je suis certain que tu ne le tireras jamais contre la France. »

Notre grand émir n'a-t-il pas tenu sa parole?

Du reste, il est entre vous et nous des liens indissolubles : en nous accueillant avec amitié, vous nous avez ravi une partie de notre cœur; — le nom de notre patrie résonne comme un écho à la fois triste et délicieux au fond de notre âme. Nos enfants ont vu le jour en France; vos filles les ont allaités; nos compagnons morts dans votre pays reposent parmi vous. Votre sultan, juste entre les justes, généreux entre les généreux, nous a rangés au nombre de ses enfants et de ses soldats ; — nous nous regardons comme Français par l'affection qu'on nous a témoignée.

En secourant les chrétiens, nous avons pensé à vous !

Le vieil Arabe cessa de parler ; il se faisait tard, nous rentrâmes dans nos tentes.

XXII

UNE ÉTRANGE RECONNAISSANCE. — L'ÉMIR

Voilà trois jours que nous nous sommes installés dans la montagne en compagnie de nos Arabes et d'une centaine de Maronites échappés au massacre. Nous attendons les ordres d'Abd-el-Kader, et nous tenons prêts à entrer à Damas si notre présence peut y être utile.

John Speck, notre vieux troupier Godefroy, quatre Arabes et moi, nous avons fait plusieurs excursions dans le voisinage, et notre bonne étoile nous a permis d'arracher à une mort presque certaine vingt femmes maronites qui s'étaient blotties dans une caverne et que la misère réduisait aux dernières extrémités.

Depuis ses déceptions, l'ami Mauriac est tombé dans un complet état de prostration ; à sa loquacité a fait place un morne silence. Quant au *saint* auvergnat, il se rit de tout devant le monde, raille les Arabes, lacère de sa verge satirique nos quatre Anglais; parfois même il se met en scène et se moque de sa singulière personne ; — hommes et choses, il n'est rien qui ne soit flagellé par cet homme étrange, sorte de Rabelais plébéien ; — la vertu la vaillance, la charité, il les conteste : — il appelle la vertu la fille aînée de l'orgueil ; — la vaillance, il la traite de sœur cadette de l'ambition ; — la charité, il la nomme le plaisir de l'ostentation ; mais j'ai suivi hier cet homme en apparence si insensible et si incrédule, et je l'ai vu sortir de sa vieille poche rapiécée une soixantaine de petites pièces de monnaie qu'il a su adroitement faire glisser dans la main des Maronites. La charité est évidemment pour lui un bonheur, mais il se ferait plutôt couper en morceaux que d'avouer sa bonne action. Il s'imagine que le monde doit plus nous redouter que nous aimer et qu'on est toujours la dupe de son cœur. L'âme de cet homme est une énigme : — peut-être le récit de ses aventures m'en donnera-t-il la clef ?

Les Arabes viennent de se prosterner le front dans la poussière (1). Le soleil va bientôt disparaître à l'horizon.

La soirée est belle ; l'air tiède ; une brise chargée d'aromes balsamiques nous apporte le parfum des grandes herbes et des fleurs, qui semblent revivre sous la fraîche caresse du soir. Le soleil empourpre

---

(1) Les Arabes ont cinq prières : — la prière du jour ; — la prière d'une heure après midi ; — la prière de trois heures ; — la prière du coucher du soleil ; — la prière de huit heures du soir. Les prières sont toutes précédées d'ablutions.

l'horizon, dore de ses rayons incandescents le sommet des montagnes, trace de longs fuseaux lumineux à travers les ravins et les anfractuosités des rochers. Quel prestige que celui de l'Orient! Nous sommes au lendemain, peut-être même encore à la veille d'épouvantables catastrophes, et cette nature enchanteresse nous enivre tellement, qu'il n'est plus de place dans notre esprit pour aucune pensée, si ce n'est l'admiration exclusive de cette merveilleuse terre!

Placé à la porte de ma tente, je vois s'agiter devant moi ces braves Arabes, si grands par le cœur, les derniers Philopœmens de l'Afrique! Enveloppés dans leurs vêtements blancs, ils marchent en silence, se dirigent vers leurs bivouacs : à mon imagination rêveuse, ils apparaissent comme des fantômes.

La terre s'assombrit : la nuit descend du Liban, pour jeter son voile noir dans les vallées : mille pensées vagues s'agitent en moi. Délicieux est ce moment où la nuit n'est pas encore, mais où le jour n'est plus; l'âme s'épanouit, l'imagination vogue sans peine au gré de pensées enivrantes : tout s'enveloppe de mystère, et l'esprit erre avec ravissement dans les domaines éthérés de l'infini.

Partout, les ténèbres ont remplacé le jour. La lune se lève ; son croissant argente la crête des montagnes, éclaire les bivouacs de sa lumière douce glisse sur les baïonnettes de nos carabines rangées en faisceaux, accentue les traits de tous les visages en étendant les ombres, et répand en tous sens son grave rayonnement.

Les Arabes préparent leur frugal repas ; je vais leur demander asile sous leur tente.

— Le salut soit avec toi !

— Dieu protége ta barbe !

— Heureux, trois fois heureux l'instant qui t'amène auprès de nous !

— Sur toi soit le salut !

Telles sont les paroles amicales qui accueillent mon arrivée ; — je replie mes jambes à la turque avec le plus d'aisance possible, et je remercie mes nobles amis de vouloir bien m'admettre à partager leur repas du soir.

En me retournant, j'aperçois à deux pas de moi, le pétulant John Speck et le militaire Godefroy, qui devisent ensemble et agitent leurs bras comme des ailes de moulin ; — plus loin, je distingue Amrou, qui discute religion avec le *saint* auvergnat. Nos deux gaillards me paraissent de nature à batailler pendant longtemps sans conclure. Amrou est une fine lame et retourne un argument avec une singulière présence d'esprit : — l'Auvergnat est retors comme un Turc, malin comme un Français, et il manie la parole comme un Grec ; mais chut !... John Speck se lève : il éprouve le besoin de prononcer quelques paroles.

« C'est un beau spectacle que celui de la confraternité qui nous unit, dit-il, avec une voix de tonnerre ; — enfants de tous les pays, Américains, Arabes, Français, Anglais, nous ne formons ici qu'une seule tête, qu'un seul bras, qu'une seule âme ! »

Ici, l'orateur s'attendait à être interrompu par les applaudissements : — il fit une pause ; mais le silence seul accueillit son exorde.

— « Nous sommes forts contre les oppresseurs, parce que nous sommes tous les fils de nations généreuses, grandes par le cœur, c'est-à-dire avant tout libérales ! L'esclavage est un blasphème lancé à la tête de la société du dix-neuvième siècle. La guerre est sainte, et l'on a le droit de la faire au nom de Dieu, lorsqu'elle a pour mobile l'affranchissement d'une nation ; elle est plus que sainte, elle est divine, lorsqu'elle a pour but l'affranchissement d'une race ! »

L'orateur fit une nouvelle pause, et les mains ne battirent pas plus qu'auparavant. John Speck ne se déconcertait pas pour cela : — il reprenait vaillemment la parole et allait voguer à pleines voiles du côté de la question américaine, lorsque notre *saint* auvergnat mit un frein au débordement de son éloquence par cette phrase prononcée d'un ton parfaitement naturel :

— Master John Speck, dit-il, tais-toi, tu ennuies l'honorable assemblée.

Ce coup de massue, porté avec une naïveté si

grande en apparence, étourdit le bouillant Américain, qui ne trouva pas une seule parole à riposter.

Les histoires ne se firent pas attendre, Godefroy en avait la mémoire bien garnie. Les Arabes, en se voyant en face d'un homme qui avait longtemps vécu en Algérie, se croyaient à côté d'un compatriote. Qu'importe à des soldats s'ils ont combattu dans des camps ennemis ! Le temps efface les querelles, mais les souvenirs ne s'éteignent pas.

Le couscoussou (1) est servi entre deux récits de batailles.

De petites cuillers de bois sont distribuées aux principaux convives, qui creusent à l'envi un souterrain dans une montagne fumante de couscoussou ; après ce premier mets, on nous servit des écuelles remplies d'œufs au poivre rouge et des poulets au piment saupoudrés de safran. Quel régal ! C'étaient des délices de dieux.... pour des palais bronzés à la cuisine arabe.

A la fin du repas, l'Algérien à qui je devais l'histoire d'Abd-el-Kader se tourna du côté de Godefroy, et lui dit :

— Maître, avoue que nous t'avons donné *quelquefois* du mal !

(1) Le couscoussou ou couscouss est une sorte de pâte de blé dont la farine se roule sur des tamis, comme on roule la poudre. Cette pâte, cuite ensuite à la vapeur de la viande, est arrosée, au moment ou on la sert, soit avec du lait, soit avec du bouillon de mouton, car les Arabes ne mangent jamais de bœuf, à moins d'y être forcés par la faim.

— Palsambleu ! Je n'avouerai pas cela, repartit vivement Godefroy, vous nous en avez donné pendant plus de *quinze ans*, jour et nuit.

— Te souviens-tu, reprit l'Algérien, de l'affaire du Dar-ben-Abdallah !

— Oui bien ! Et pour cause, vous m'y avez deux fois endommagé mon schako, en me le jetant à terre à coup de balles.

— Quelle fière bataille !

— Une vigoureuse brossée ! Certes. Je m'en souviens aussi nettement que de notre campagne d'Abadyeh.

— Derrière des rochers et des buissons, continua l'Algérien, nous avons tiraillé pendant plus de trois heures sans perdre un seul homme.

— Mais tout à coup, reprit Godefroy, las de nous voir étriller par vous et sentant le rouge nous monter aux oreilles, nous jouons aux plus fins et feignons de nous retirer.

— Nous pensâmes que vous aviez quitté la place, car nous n'entendîmes plus rien.

— Nous nous glissons comme des lézards à travers les broussailles, nous avançons à plat ventre à l'imitation des limaçons, et, après avoir fait un demi-tour à droite, un demi-tour à gauche, nous arrivons à la sourdine à moins de trente pas de vous. Vos oreilles avaient beau être en éveil ! baste ! vous n'aviez rien entendu. Chacun de nous ajuste son homme, et pan-tan-plan ! voilà une trentaine des vôtres sur le carreau. Ennuyés d'embrasser le sol depuis une heure, nous nous levons et nous précipitons sur vous la baïonnette en avant. Vous mettez le yatagan au poing, et la mêlée commence. Quelle mêlée !... Les bras, les jambes sautaient en tous sens. La baïonnette embrochait le reste ! Je rencontre dans une encoignure, à côté d'un grand arbre, un Algérien qui m'arrête et me défend d'avancer. Le gaillard était courageux. D'un seul coup d'épée il brise ma baïonnette. Je fais le moulinet avec la crosse de mon fusil et son yatagan vole en morceaux. — Il s'élance sur moi, et me prend à la gorge. Tue-Dieu ! je me croyais pincé ; mais je m'échappe de son étreinte par un mouvement brusque, je saisis mon briquet, et je le lui passe au travers du corps... Ouf ! j'ai souvent regretté cette mort-là, ça devait être un brave soldat que cet Algérien. Il avait fièrement combattu.

— Maître Godefroy, tu es un menteur ; articula nettement l'Arabe Mohammed.

— Un menteur ! s'écria Godefroy, en se redressant comme un cheval frappé de l'éperon.

— Oui, un menteur, reprit Mahommed, tu n'as pas tué cet homme.

— Et la preuve, grommela Godefroy.

— La preuve repartit Mahommed, c'est que...

— La preuve ! reprit impétueusement le sergent. La preuve ! ne fais pas de manière, mon Arabe.

— La preuve, c'est que cet homme, c'était moi.

— Ah ! Palsambleu ! Ventre Saint-Gris ! Par Sainte-Barbe ! Voilà une fameuse chance ! Et tu ne m'en veux pas ?

— T'en vouloir ! Tu faisais ton devoir ! répondit sagement l'Arabe.

— Par ma foi ! s'écria le sergent, la journée finit bien ! Serrons-nous la main, et qu'il n'en soit plus question. Maintenant à la vie et à la mort.

Et nos deux anciens ennemis se mirent à causer avec plus de familiarité et de bonne amitié que jamais.

Cette reconnaissance si imprévue et qui, en elle-même, n'avait pourtant rien de bien étrange, puisque la terre d'Afrique était un peu transportée dans le Liban, excita néanmoins dans l'assemblée une profonde émotion. Nous nous entretenions avec bonheur de cet heureux rapprochement, et lancions quelques phrases plus ou moins philosophiques sur les changements qu'opèrent le temps et les évènements, lorsqu'un coup de feu retentit à peu de distance et vint jeter la confusion parmi nous. Cette détonation, nous en interprétons tous le sens, c'est un signal d'alarme donné par un des Arabes placés en vedette.

On sort de la tente, on s'informe, et l'on apprend que des bruits distincts de pas de nombreux cavaliers sont entendus du côté de la route de Damas. Dans toute conjoncture, nous prenons nos armes et chargeons les amorces de nos fusils. Les pas de cavaliers résonnent de plus en plus nettement, nous nous perdons en vaines hypothèses, et, comme il arrive toujours dans de pareils moments, chacun se croit apte à donner les explications les plus plausibles!

Nous prêtons l'oreille, et, pendant quelques minutes, nous ne saisissons dans l'air aucun bruit; cependant un coup de feu retentit, et, presque immédiatement après, nous entendons le son strident d'un sifflet suivi d'un nouveau coup de feu.

— C'est le signal d'Abd-el-Kader, s'écrient les Arabes, avant dix minutes nous pourrons saluer l'émir.

Inutile, je présume, d'insister sur le bonheur dont nous fûmes tous pénétrés. Attendre des ennemis et voir venir à soi des amis, c'est une de ces joies qu'il est impossible d'apprécier lorsqu'on se trouve tranquillement à côté de son foyer à tisonner ou à lire, mais qu'on ressent avec une satisfaction inexprimable lorsqu'on a l'épée ou le mousquet à la main et qu'on se dispose au combat. Quel que soit le courage du soldat, s'il lutte pour défendre sa vie, il le fait avec angoisse. Les combats ne sont chers qu'aux sacripants ou aux fous, ou bien à ceux qui, fanatisés par l'ambition ou la haine, s'imaginent que les guerres sont l'unique marche-pied de la fortune ou la sauve-garde des innocents. Encore, ne suis-je pas persuadé qu'un génie intérieur ne leur crie pas de temps à autre:

La vraie gloire est dans le triomphe de ses passions, les victoires acquises au prix du sang sont flétries aux yeux de Dieu.

Quoi qu'il en soit, ce fut un heureux et mémorable moment pour nous que celui où Abd-el-Kader fit son entrée dans le camp. Des torches allumées furent placées entre les mains d'une vingtaine de Maronites, qui se groupèrent de distance en distance sur le chemin étroit conduisant à notre retraite. Les Algériens marchèrent au-devant de l'émir, tandis que John Speck, les quatre Anglais, les trois Allemands et moi, nous donnions des ordres pour qu'une tente fût préparée à l'intention de notre hôte illustre.

Un hourrah accueillit l'arrivée de l'émir. Ne voulant pas qu'un des représentants d'une autre nation serrât sa main avant moi, je me dirigeai immédiatement vers lui et lui adressai quelques paroles, que mon cœur, plus que mon esprit, prononça. Que lui dis-je? Dans le trouble où je me trouvais, je n'eus guère le loisir de m'étudier à graver mes propres pensées dans ma mémoire; je les énonçai avec cet enthousiasme fébrile qui ne raisonne pas, mais qui sait généralement plaire parce qu'il part du cœur et non d'un esprit plus ou moins disert et rhéteur. Je le remerciai, au nom de la chrétienté, de sa noble conduite; je fis allusion à nos grands combats d'autrefois, je lui dis que, si la France avait un regret, c'était de ne pouvoir compter parmi ses enfants un homme d'un caractère tel que le sien.

Je ne sais si l'émotion, la vive satisfaction que j'avais à voir l'émir, me rendirent éloquent, mais ce que je n'ignore pas et ce que je n'oublierai de ma vie, c'est qu'Abd-el-Kader me tendit ensuite une main que je pressai avec un inexprimable bonheur.

— Tu as bien fait, me dit-il, de venir à la tête d'hommes généreux au secours de tes frères les Maronites. Malheureusement le feu est allumé, Dieu seul sait quand il s'éteindra. Une troupe de Druses sortie du Haourân se répand en ce moment même dans les montagnes voisines. Des Bachi-Bouzouks les suivent et renchérissent de cruauté sur leurs compagnons. Que ta main ne quitte pas un moment la poignée de ton sabre! Le jour ne doit pas plus être exempt d'inquiétude que la nuit. Nos ennemis sont comme la mort, ils frappent à toute heure. Damas est en feu; les chrétiens y périssent par milliers. Je vais bientôt y retourner pour les protéger, si toutefois ma parole peut se faire entendre des Druses et des Turcs.

Je conduisis Abd-el-Kader dans la tente que, par mes ordres, on avait préparée pour le recevoir. L'émir y prit place parmi ses fidèles Algériens; nous comprîmes qu'il devait avoir à s'entretenir avec ses soldats, et nous nous retirâmes.

Quelle impression me causa le célèbre émir,

c'est ce que je vais m'efforcer de rapporter en toute franchise. Il est d'abord un premier point hors de doute : les hommes illustres, quelque grands qu'ils soient, perdent de leur prestige lorsqu'on les voit de près; car notre imagination exalte tellement les célébrités, que la réalité nous prépare invariablement une déception. Néanmoins, je dois dire que, de tous les grands hommes qu'il m'a été permis d'approcher, Abd-el-Kader est un de ceux qui perdent le moins à être analysés.

Son visage, sévère sans dureté, est bien en harmonie avec son caractère. On découvre dans ses yeux, on lit sur son front fortement sculpté une volonté puissante, une intelligence à la fois poétique et précise; sa taille est moyenne, ses mains sont osseuses : les veines y dessinent leurs lignes bleuâtres à côté des muscles et des nerfs qui s'y tordent en vigoureuses saillies. Il parle peu, mais toujours avec une extrême netteté. Les expressions dont il se sert n'ont rien de cette emphase qu'on s'est trop fréquemment plu à attribuer à tous les enfants de l'Orient; elles sont colorées sans afféterie.

En résumé, Abd-el-Kader, qui est évidemment une des plus pures illustrations du XIXe siècle, répond à cet adage populaire qui admet une relation directe entre la noblesse des sentiments et la beauté corporelle. La régularité des traits, la beauté physique, sont, du reste, rarement le partage des âmes basses et dégradées. Il semble que l'esprit se reflète sur le visage et que la Providence marque, aux yeux de tous, d'un stigmate réprobateur ceux dont l'âme est gangrenée. Si un phrénologiste ou un simple physionomiste était placé devant le grand émir, sans savoir qu'il est en présence d'une des gloires de notre époque, il n'hésiterait pas à répondre : — Cet homme, au regard profond et assuré, est à la fois un poëte et un homme d'action; son front large, découvert et bosselé dans sa partie haute, révèle une volonté inébranlable, une intelligence exceptionnelle et des instincts poétiques très-développés. Son tempérament est à la fois nerveux et sanguin ; chez lui, les diverses forces s'équilibrent admirablement. Cet homme est parfaitement doué et fait pour le commandement. Voilà ce que dirait, à coup sûr, le premier observateur venu qui serait mis en face de l'émir.

Tout en agitant mille pensées diverses, je rentrai dans ma tente pour y passer la fin de la nuit ; — j'allais m'étendre sur ma natte, lorsqu'Amrou me remit une lettre qu'un homme de Beyrouth venait à l'instant même d'apporter. Je brisai le cachet avec un fébrile empressement, et mes yeux se portèrent avec une sorte d'avidité anxieuse vers la dernière ligne; j'y lus le nom de lady R***. Oui, c'était bien lady R*** qui m'envoyait une lettre, à moi, à moi-même. Je laisse à juger si j'en pris paisiblement connaissance ou si je la dévorai,

Ce qu'il y a de certain, c'est que, deux heures après, j'avais encore entre les mains la missive de notre tendre alliée de Beyrouth, et que je ne me lassais pas de la relire en commençant par le dernier mot ou par la première phrase.

Voici une partie de la missive de lady R***.

XXIII

LADY R***. — ANGOISSES

Monsieur et ami,

. . . .

On a dit avec raison que le bonheur est, pour la vie, ce qu'est le soleil en hiver ; il se montre à de rares intervalles, au milieu de nuages menaçants, gros de mauvais temps. Enfin, trêve aux tristes pensées ! — Tout le monde est joyeux à Beyrouth : les exclamations : *nous sommes sauvés!* errent sur toutes les lèvres, et l'on ouvrirait tous les cœurs chrétiens qui palpitent en Syrie, que l'on y verrait gravés ces mots : *Vive la France !*

Oui, mon ami, vos compatriotes sont enfin arrivés : nous avons entendu avec délice le roulement de vos tambours, et nos meilleures musiciennes se sont accordées à leur donner le premier prix d'harmonie ; nous avons salué avec enthousiasme vos généreux compatriotes, et il n'est pas jusqu'aux soldats de l'intendance et du train qui ne soient fêtés et traités tout bonnement en héros !

Je loge, pour ma part, trois de nos nouveaux

croisés. Ces braves sortent du fond de la Gascogne et dissertent sur la question d'Orient en vrais diplomates d'outre-mer. Que cette comparaison vous laisse libre, mon ami, de juger s'ils comprennent la question d'Orient où s'ils n'y voient goutte.

Le général en chef est un homme d'importance, bonne tête et œil juste ; mais il y a tant d'entraves que l'on ne sait s'il pourra châtier comme il le voudrait la coupable duplicité des Turcs. Ces derniers ont accueilli avec empressement les nouveaux venus. Si Judas n'avait pas été Juif, il aurait été Turc ; pardonnez-moi l'anachronisme.

. . . .

Je ne vois qu'un seul homme qui soit capable de relever les Maronites de l'état de stupeur dans lequel ils sont plongés. Cet homme, c'est Joseph Karam, le caïmacan du Kesroân. Au moins, on n'a pas à mettre en doute son cœur, sa franchise et l'élévation de sa pensée ! C'est le plus loyal Syrien que je connaisse. Il est courageux et fier. Il aime son Dieu et son peuple plus que lui-même. C'est notre héros, et naturellement l'ennemi que redoutent le plus les Druses et les Turcs. S'il ne parvient pas à s'entourer de solides soutiens et d'une garde forte, si sa grande âme ne l'éclaire pas assez sur le compte des musulmans, on le perdra, soyez-en sûr. Il sera frappé de mort ou jeté dans un cachot, où sa noble intelligence s'éteindra comme le feu que l'on comprime.

Pour ces enfants de la liberté, l'indépendance, c'est la vie. Les Occidentaux, habitués de bonne heure à des prisons anticipées,—grâce à nos études lentes et pénibles, — peuvent, si la politique les frappe de ses arrêts, supporter les douleurs du cachot et les rigueurs de l'isolement. Mais un homme de clan, un fils impétueux de la liberté, une âme fougueuse qui ne connaît aucun joug, se brise, s'atrophie, s'éteint sous les verrous ! Si pareil malheur arrive à notre cher Joseph Karam, il n'y perdra peut-être pas la vie, il y perdra la raison.

Vous allez me demander ce que deviennent nos amis. Je vous répondrai que Fuad-Pacha me semble capable de tout, hors d'une bonne action, et que je crains horriblement son autorité ; mais vous allez me dire avec raison que Fuad n'a jamais été votre ami : je vous en félicite... Revenons donc à monsieur et madame Cahlben, qui vivent heureux parce qu'ils s'aiment et qu'ils font du bien. M. Cahlben n'est pourtant pas sans se préoccuper de la tournure que prennent les affaires ; il n'est pas de ceux qui croient tout rentré dans l'ordre parce que le drapeau de la France est apparu sur le sol de la Syrie : ses vues vont plus loin. Eh bien ! allez-vous le croire ? lorsqu'on lui parle d'une période de six à sept mois, lorsqu'on lui montre de petits enfants, notre ami oublie les calamités présentes, il fait table rase de tous les événements, il n'a plus d'amitié pour Joseph Karam, plus de mépris pour Fuad, ce n'est plus l'homme politique que vous connaissez, c'est le père en espérance... Me comprenez-vous ? Oui, mille fois oui, n'est-ce pas ? Mme Cahlben est aux anges, car elle compte bien sur un ange : en attendant on s'est mis à broder de petits bonnets, des bas microscopiques, des brassières qui feraient envie à une poupée et qui rendent bien jalouses aussi celles d'entre nous qui n'ont jamais eu de ces délicieux babys ! Vous serez le parrain, mon ami, c'est moi qui suis chargée de vous l'annoncer ; n'allez pas croire qu'on réserve à vous seul des honneurs : une personne que vous connaissez assez, peut-être trop, vous accompagnera et portera le nouveau venu sur les fonds baptismaux. Je vous laisse à deviner si cette personne est Française, Anglaise ou Turque, mettez votre esprit en campagne, regardez, et ne vous trompez pas, car si vous alliez choisir une autre, la future marraine en concevrait une peine mortelle.

Tout à vous, prenez garde aux Turcs ; lorsqu'ils vous donnent la main, examinez s'ils ne vous ont pas enfoncé une épine. Couvrez-vous de gloire en faisant du bien, et aimez-nous autant que des Maronites.

Lady R***.

P. S. J'ai une pensée audacieuse, d'autres diront peut-être folle, mais je me porte à merveille et je brûle de continuer ma croisade. Attendez-vous un de ces jours à me voir arriver avec une centaine de lances portées par de courageux soldats.

Les dernières phrases de la lettre de lady R*** ne furent pas sans me préoccuper vivement ; — des craintes nouvelles vinrent m'assiéger ; — je tremblais que la nature fougueuse et entreprenante de ma courageuse amie ne la jetât dans les dangers peut-être plus grands encore que ceux qui nous avaient menacés. Mille pensées confuses et pénibles s'agitaient en moi. Les paroles de l'émir, paroles qui, de sa part, étaient d'un valeur si réelle, n'étaient pas faites pour me calmer. — De nouvelles bandes de Druses sortis du Haourân se répandaient dans le voisinage. Lady R*** partait ou allait partir de Beyrouth pour rejoindre ma petite armée, voilà ce que je savais et ce qui agitait dans mon esprit les pensées les plus sérieuses.

Malgré l'angoisse que m'avaient causée les derniers mots de la missive de lady R***, je parvins à la fin de la nuit à m'assoupir, et je dormis d'un sommeil fiévreux.

Tout-à-coup, je me réveillai ; j'entendis de nombreux chevaux qui piaffaient dans notre camp; je me levai précipitamment et sortis de ma tente. Abd-el-Kader était monté sur un cheval blanc, à la crinière abondante et à la queue longue et flottante. Il sortit son épée de sa ceinture, la dressa au-dessus de sa tête, je la vis flamboyer au premier rayon du soleil. Il semblait qu'une étoile effleurât l'extrémité de cette noble épée et de là s'élançât vers le ciel !

Il piqua son coursier de l'éperon et partit; ses compagnons le suivirent comme une nuée blanche emportée par le vent; la poussière soulevée par le pied des fringantes montures s'éleva en montagne fumante derrière eux, et opposa immédiatement à mes regards une barrière impénétrable. C'en était fait de la visite de l'émir. Ne voulant pas que son absence pût être préjudiciable aux habitants de Damas, il était reparti dans le plus bref délai; à sa marche rapide, il était permis de supposer que, deux heures après, il serait rentré dans la ville sainte.

A peine notre hôte illustre venait-il de quitter le camp, que miss Clara sortit de sa tente, avec une physionomie effarée, et demanda où était l'émir; — on lui répondit la vérité.

— Quoi ! s'écria-t-elle, l'émir est parti et l'on ne m'a pas prévenue ! Au plus vite qu'on approche un cheval ! Au plus vite !

Et, en même temps, elle jeta plusieurs pièces d'or à ceux qui l'entouraient.

L'or fait des prodiges.

Un cheval fut immédiatement harnaché, et miss Clara le monta avec une merveilleuse dextérité.

— Cent guinées à qui m'accompagne ! s'écria-t-elle; cent guinées !

Deux de mes soldats enfourchèrent lestement leurs montures, et les trois cavaliers partirent tout d'un trait par le chemin qu'avait pris l'émir. Une minute après, nous ne voyions plus de leur côté qu'une colonne de poussière.

— Voilà, dis-je en moi-même, le dernier coup porté au pauvre Mauriac ! Le malheureux garçon, s'il en meurt de chagrin, fera bien la mort la plus ridicule qu'il soit au monde ; miss Clara est en même temps une folle et une personne froide, son imagination passionnée a complétement éteint en elle les feux d'un amour véritable. Elle n'aimera jamais réellement qu'elle-même. Somme toute, c'est un esprit médiocre, un cœur sec et une beauté de troisième ordre. Qu'elle s'en aille et ne revienne plus, voilà le souhait que je forme pour notre tranquillité.

Tout en faisant ces réflexions, je songeais qu'il me faudrait prévenir Mauriac, et je trouvai la commission fort peu agréable. Cependant, je m'avançai hardiment du côté de la tente de l'Auvergnat, et lui dis ouvertement que sa *très-chère miss Clara* s'était envolée. Le coup était rude. Chrysostôme le reçut plus vaillamment que je ne l'aurais supposé. Il eut même assez de fermeté et de bon sens pour m'avouer que ce dénoûment lui paraissait heureux pour son repos et son avenir. Je lui serrai la main affectueusement, et nous fîmes une solennelle promesse de ne plus parler de la fille d'Albion.

Le départ si précipité de l'émir laissa de grandes tristesses parmi nous. Les Maronites retombèrent dans un découragement que motivaient, du reste, les nouvelles de Damas et les paroles peu rassurantes de l'émir. En nous annonçant que des légions de Druses sortis du Haourân se répandaient dans les environs, Abd-el-Kader était bien informé. Un Maronite, qui avait appris qu'un campement de chrétiens et d'Algériens s'était formé dans la montagne, vint nous trouver et nous apprit qu'à trois heures de là, dans la direction de Djeb-Djeddin, cinq à six cents Druses, joints à une centaine de Bachi-Bouzouks, pillaient, saccageaient tout.

Nous nous demandâmes si notre devoir n'était pas d'aller porter secours aux malheureux que la haine implacable des fanatiques menaçait si cruellement. Avant tout, nous fîmes le dénombrement de nos forces. Nous étions environ deux cents, capables de lutter avec succès. Il y en avait parmi nous qui n'étaient pas novices dans le métier des armes; notre vieux militaire Godefroy et nos trente Arabes valaient bien pour leur part cent Bachi-Bouzouks; mais plusieurs des Maronites se trouvaient malheureusement dans une complète inertie, et ne pouvaient en rien nous être utiles. Enfin il était de première nécessité qu'un grand nombre d'entre nous demeurassent au camp afin de veiller sur les malades, les femmes et les vieillards. Tout compte fait, il fut résolu qu'une tentative serait imprudente et même téméraire. Nous eûmes donc le désespoir de demeurer inactifs, pendant que le fer des Druses s'abaissait à trois lieues de là sur des innocents. On va voir si cette détermination n'allait pas me paraître aussi douloureuse que la signature d'un arrêt de mort apposée par un ami.

XXIV

LE TRIOMPHE DE LA RUSE

. . . .

Le lendemain, avant l'aube, un homme tout couvert de sang entra dans ma tente; il s'évanouit avant d'avoir pu proférer la moindre parole. Une de ses blessures venait de se rouvrir. Ayant autrefois appris un peu de médecine, je parvins à le ranimer, et, dès qu'il eut repris ses sens, je l'interrogeai.

— Mon frère, dit-il à phrases entrecoupées, nous venions de Beyrouth... les Druses nous ont attaqués à trois heures d'ici... Tous nos compagnons sont morts ou sur le point de périr !

— Tu viens de Beyrouth ! Avec qui ? m'écriai-je.

— Avec une centaine de mes frères.

— Et tu étais conduit ?

— Par une dame dont je ne connais pas le nom.

— Mais cette dame, demandai-je avec impatience, est-elle âgée, jeune, brune ou blonde ?

— Je ne l'ai pas bien considérée ; mais ce que je sais, c'est que les Druses l'ont faite prisonnière, et qu'elle est assez jeune pour entrer dans un harem.

J'en avais appris assez, trop, mille fois trop ! — Le doute n'était pas permis; c'était bien lady R*** qui venait d'être victime de sa vertueuse imprudence. La pensée que notre délicieuse amie était tombée entre les mains de quelque misérable me révoltait, m'exaspérait. Je sortis, bien déterminé à voler à son secours, quel que fût le danger. Le cœur a-t-il jamais mesuré le péril?

Je m'ouvris à mes compagnons et reçus presque invariablement cette réponse désespérante:

— Combattre, ce n'est pas vaincre ! Du côté du nombre est presque toujours la victoire. Ils sont quatre cents et nous sommes au plus une centaine. C'est mal entendre la générosité que d'exposer à la mort un grand nombre d'hommes pour arracher une femme d'un harem. Pars, nous ne te suivrons pas.

Cette muraille inébranlable de cœurs indifférents à laquelle je me choquai me jeta dans une sorte de rage. Je comprenais que la raison était de leur côté, mais mon cœur ne s'en révoltait pas moins. Je m'abîmais dans d'affreuses réflexions, lorsqu'une main s'abaissa sur mon épaule et me fit tressaillir. Je tournai la tête, et vis le saint auvergnat, qui, fidèle à son rôle, préluda par une grimace et me dit à voix basse :

— J'ai le moyen de délivrer celle que tu aimes ! car, ne t'en défends pas, tu l'aimes !

— Tu pourrais délivrer lady R*** ! Et comment ferais-tu ? m'écriai-je.

— J'ai plus de puissance que tu ne crois ! D'ailleurs, c'est toi qui la délivreras, et non moi.

— Explique-toi.

— Ne sais-tu pas des tours qu'un prestidigitateur t'a enseignés ?

— Oui.

— Eh bien ! tu tiens entre tes mains la clef de toutes les prisons et de tous les harems ; tu peux pénétrer tous les mystères. Frapper l'imagination des Druses, c'est leur commander, c'est les dompter. Déguise-toi. Prépare tes artifices. Ne perdons pas de temps. Suis-moi.

Je m'élançai dans ma chambre, endossai quelques vieux vêtements turcs, fis à la hâte un paquet de divers instruments de prestidigitateur que j'avais emportés de Paris, et rejoignis le saint auvergnat.

Aussitôt, nous abandonnâmes le camp. Nous prîmes un chemin tortueux du côté du couchant, nous gravîmes une hauteur et perdîmes bientôt de vue nos tentes.

— Maintenant, me dit mon compagnon, il s'agit d'éviter les balles de nos ennemis.

Nous étions alors à environ trois kilomètres de nos derniers retranchements ; des montagnes aux flancs jaunâtres et déchirés resserraient le chemin et en faisaient plutôt un sentier qu'une route. Des touffes d'arbres s'éparpillaient de chaque côté, et s'étendaient depuis le fond des ravins jusqu'à la crête des hauteurs. Ici, un ruisseau chantait au milieu du feuillage ; là, clapotait entre des cailloux et des rochers. Il y avait dans cette nature je ne sais quoi de séduisant et de sauvage.

Le saint auvergnat prit une feuille d'arbre, la plaça entre ses lèvres et en tira un son qui me rappela ces chants rustiques des jeunes pâtres de nos montagnes faisant retentir les échos des bois du bruit plaintif de leurs pipeaux.

Deux minutes à peine venaient de s'écouler qu'un sifflement exactement semblable partit d'un fourré voisin. J'entendis un frôlement de corps au milieu du feuillage, et je vis venir à nous un homme vêtu de haillons et à la physionomie peu rassurante. Mon premier mouvement fut de mettre la main sur la poignée de mon sabre.

— Ne crains rien, me dit mon guide, cet homme est en ma puissance.

Le nouveau venu semblait voir pour la première fois le saint auvergnat ; — la froideur de l'accueil le prouvait ; et, pourtant, ces deux hommes parurent immédiatement unis par des liens étroits. Ils s'approchèrent l'un de l'autre, se firent rapidement quelques gestes, se touchèrent amicalement la main, se frappèrent l'épigastre, échangèrent quelques mots dont il me fut impossible de saisir le sens.

L'air de mystère qui entourait cette étrange

rencontre, la physionomie quelque peu satanique de mon guide, la figure de brigand du nouveau personnage, tout cela ne fut pas sans me préoccuper vivement. Je vins à douter de mon compatriote, à le suspecter même d'être un scélérat de la pire espèce. Je me vis dans un guet-apens, au pouvoir de deux mauvais génies qui complotaient probablement contre moi dans l'espoir de se partager mes dépouilles et surtout mes instruments de prestidigitateur.

Il était avéré que mon compagnon n'était pas la fine fleur de l'honnêteté; ses révélations m'avaient complétement édifié à cet égard. Qui sait même si cet homme n'était pas quelque échappé de bagne, ayant déclaré la guerre à la société et tuant avec le sang-froid et l'ineffable bonheur des Thugs? A coup sûr, ses manières rudes, ses paroles ambiguës, son ton acerbe, ne plaidaient guère en sa faveur. Bref, je me crus sur une pente des plus glissantes. J'interprétai les gestes de ces deux acolytes, de ces deux frères dans le crime : — en se touchant la poitrine, ne faisaient-ils pas suffisamment comprendre qu'ils me frapperaient d'un coup de stylet au cœur? Ils s'étaient écartés pour se parler à voix basse : cela ne désignait-il pas clairement qu'ils craignaient que je ne fusse témoin de leurs discours !

Telles étaient les pensées que j'agitais, lorsque mon guide revint et me dit avec un naturel parfait :

— Cet homme nous assure que nous pouvons sans danger aller jusqu'à trois cents pas du camp des Druses. Marchons !

— Au nom de notre commune patrie, dis-moi la vérité, quel est cet homme? m'écriai-je avec le plus de calme possible.

— C'est un Druse de la plus méchante espèce et qui t'aurait tué avec le plus vif bonheur, me répondit en ricanant mon compagnon.

— Et pourquoi nous épargne-t-il?

— Ceci est mon secret, repartit le saint avec un air de mystère.

— Ton secret! Et si je te le demandais au nom de l'amitié.

— Je ne te le divulguerais pas, répliqua-t-il avec une physionomie sérieuse et dure qui m'épouvanta.

Dès lors, persuadé que cet homme me conduisait au supplice, je ne trouvai pas une seule parole à lui adresser. Quel voyage! Quel monde de réflexions tourbillonnait dans mon esprit! Certes, l'idée de la mort n'est jamais souriante; mais être tué sur un champ de bataille, mourir entre les bras des siens, est une perspective cent fois moins horrible que celle d'être assassiné lâchement.

— Par saint Flour! mon très-cher compatriote, me dit-il tout d'un coup, tu es plus sombre qu'une nuit d'orage!

Je ne répondis rien.

13.

— Veux-tu que je te parle à cœur ouvert?

— Oui, je le veux.

— Eh bien! tu as peur, tu crois que je te mène à la mort.

Je balbutiai et m'efforçai de nier.

— Nier ne signifie rien. Je vois clair dans ton cœur, tu me prends pour un traître et il te vient en ce moment même l'idée de me tuer.

Il disait vrai. Cette pensée affreuse me traversait l'esprit depuis quelques minutes. Croyant qu'une lutte inévitable allait s'engager entre lui et moi, je me tenais prêt, au premier mouvement suspect, à me débarrasser de cet homme, qui me semblait alors un abominable monstre. Ce sentiment homicide était affreux, mais ceux qui ont passé par des phases à peu près analogues, l'interprèteront et m'excuseront.

— Explique-moi donc alors, lui dis-je, comment il se fait que les Druses t'obéissent?

— Je ne te l'expliquerai pas. Je ne le puis. Aie confiance et sois assuré que je ne veux que ton bien. Si tu doutes de moi, je te reconduirai auprès des tiens, et ta lady R*** se fera aimer de quelque beau fanatique en tarbouche. Rentrons au camp.

Et mon étrange compagnon fit mine de rétrograder.

Ces paroles et ce mouvement étaient empreints d'une si grande franchise, que je jurai n'avoir aucune crainte; pour tout dire, il me resta bien une arrière-pensée que je ne pus chasser. Je n'en marchai pas moins résolûment en avant. Le trajet dura plus d'une heure.

— Nous voilà, me dit l'Auvergnat, à environ trois kilomètres du camp des Druses.

Puis, il promena ses regards exercés sur le voisinage, et, remarquant, à quelques centaines de pas de nous, quelques rochers entourés de bouquets d'arbres, il dit tout haut, mais comme en lui-même :

— Il pourrait bien se faire que quelques-uns de de ces sacripants fussent blottis dans ces broussailles ; si nous n'y prenons garde, ils nous ajusteront comme deux lièvres qui n'ont pas de flair.

Il fit sortir du fond de son gosier un son strident exactement semblable à celui que j'avais entendu auparavant. Comme par enchantement, nous vîmes se dégager, du milieu du fourré le plus épais, trois hommes armés de pied en cap et qui vinrent droit sur nous.

— Reste-là, me dit mon étrange conducteur d'un ton d'autorité, je vais leur parler.

Il s'approcha, et leur lança une sorte de mot composé d'une dizaine de syllabes. Ils répondirent par d'autres phrases que je ne compris pas. Ils échangèrent des gestes et des poignées de main et se mirent à causer familièrement. Après des pourparlers, les trois guerriers, qui n'étaient autres que des Druses, s'avancèrent vers moi, me prodiguèrent des termes élogieux et me prièrent finalement de les suivre.

J'obéis, sans trop savoir où l'on me menait; depuis trois heures, j'étais témoin de choses si inattendues, que, dans l'incapacité où je me trouvais de les expliquer, je me laissais aller au courant des événements. Il me semblait être le jouet de quelque pénible rêve, que la raison devait dissiper. Je suivis donc mes nouveaux guides et pénétrai avec eux dans le camp des Druses.

Il me fallut passer entre deux haies de guerriers vêtus de casaques jaunes et rouges et bizarrement ornés de parures conquises sur les Maronites. L'entrée était étroite, dissimulée; l'œil la confondait avec la plupart des anfractuosités rocheuses du reste du Liban. C'était une admirable retraite de brigands.

Au détour d'un sentier bordé de caroubiers, j'aperçus une douzaine de tentes rangées en bon ordre, au fond d'un ravin où un cours d'eau à sec avait laissé une surface plane et une sorte de cirque des plus favorables à un campement.

Les disciples d'Hakem étaient à la fin du repas. Les uns se vautraient sur le sol et fumaient l'opium, les autres chantaient en agitant dans leurs mains rapaces des colliers d'or et des pierreries. D'autres encore, en dépit des préceptes religieux, se gorgeaient d'eau-de-vie et de vin. On les voyait rouler sur le sol, et leur dernier cri était une imprécation contre les chrétiens.

Cette horde de bandits, dont les mains et les vêtements étaient maculés de taches de sang, cette bande de féroces coquins, peut-être plus bestiale, plus fanatique que foncièrement méchante, me causa une horreur et un dégoût inexprimables.

— Avant toutes choses, dis-je au saint auvergnat, informe toi du sort de lady R***, et fais-moi savoir si elle est dans le camp.

— J'ai prévenu ta demande, me répond-il, lady R*** se trouve dans la principale tente; le chef se l'est adjugée. C'était son droit.

— Mais, repris-je avec effroi, sais-tu si ces misérables la respectent comme elle le mérite?

— Baste! c'est une Anglaise. Elle doit tenir de la salamandre. Elle saura se faire respecter.

Sur ces mots, mon compagnon me quitta, s'avança d'un pas rapide et hardi vers le chef, tourna, pirouetta sur lui-même, et jeta au vent des paroles cabalistiques. Je le suivis de mon mieux et tombai tout d'un coup au milieu d'une centaine de Druses qui se livraient à une infernale ronde. C'était presque un avant-goût de l'enfer.

A notre vue, la danse cessa : tous les regards se portèrent sur nous.

— Mon frère et moi, dit le saint auvergnat en me désignant, nous pouvons tout! Nous prenons les balles au vol, nous les détournons lorsqu'elles se dirigent sur nous, nous rendons à notre volonté les hommes aussi faibles que des enfants. La nature nous obéit. Dieu se soumet à nos ordres !

Etant pris à l'improviste, et n'ayant à la main qu'un révolver, mais sachant d'ailleurs que cette arme était encore inconnue des Druses, j'eus la pensée d'en profiter.

— Mon pistolet, dis-je, part toujours et sans être chargé ! Voyez !

Je retournai l'arme en tout sens, et les assistants furent convaincus que j'avais entre les mains un pistolet ordinaire. Mon révolver avait huit coups et j'espérais bien les confondre avant d'arriver au dernier.

Je me plaçai à côté d'un grand sycomore et lançai coup sur coup sept balles contre le tronc. Les Druses témoignaient le plus grand étonnement.

— Veux-tu, dis-je à l'un deux, te placer devant moi ; tu verras si mes balles sont moulées par moi ou par le diable.

— Non, me dit-il, d'un air narquois, mais tire encore contre l'arbre.

—Volontiers, regarde, lui répondis-je avec sang-froid.

Et ma dernière balle alla se loger dans l'écorce du sycomore. — Ma situation pouvait devenir très-difficile. Je n'avais plus aucune amorce, et si j'avais avoué mon impuissance, nul doute que les Druses ne m'eussent tué sur le champ. J'usai de ruse.

— La balle que je vais faire partir, dis-je avec calme, ricochera indubitablement sur un de vous et le tuera. Je vais faire feu.

— Arrête ! s'écria le chef de la bande, nous te croyons, mais, puisque tu peux commander aux balles, je vais tirer sur toi.

Et sans plus attendre, il prit son pistolet et m'ajusta.

— A ton bon plaisir, répondis-je, mais il faut que je m'entretienne avec ton arme, que je lui parle; mon talisman le veut.

— Bien ! répliqua le Druse, en me présentant un long pistolet à capsule.

Je m'en emparai, en fis jouer rapidement la batterie, et pendant que je semblais invoquer le ciel, je changeai la capsule avec une dextérité si grande que personne ne put se douter du subterfuge.

— Tire, dis-je au chef, en lui remettant le pistolet.

Le coup ne partit pas; — le chef s'y reprit plus de vingt fois.

Cette arme est damnée, s'écria-t-il, en la jetant loin de lui; qu'on la brise.

— Crois-tu, maintenant, en ma puissance, dis-je au chef.

— Oui, tu es marabout, je le comprends.

— Je tiens ma force du ciel, répliquai-je; demain, après avoir prié, je ferai sortir du sang d'une muraille en la frappant d'un coup de feu. Je rendrai, à ma parole, les plus forts d'entre vous plus faibles que vous n'étiez à votre naissance. J'arrêterai les balles au vol. Je ferai sortir des étincelles du bout de votre nez et de l'extrémité de vos doigts. Votre barbe se hérissera à ma volonté. En attendant, traitez bien ceux que le sort des armes a fait tomber entre vos mains; — j'aperçois, chef, une femme d'une grande blancheur, qui pleure dans ta tente; cette femme tient ta vie entre ses mains. Si tu l'offenses, son époux mort, qui était un grand marabout, infiltrera dans tes veines un poison terrible qui t'emportera. Tu es prévenu. Prends garde ! Car une malédiction de sa part ou de la mienne pourrait rejaillir sur ton sang jusqu'à la vingtième génération.

J'en avais fait et dit assez pour que les Druses, dont l'intelligence est crédule, fussent complétement éblouis. Ma tactique est aisée à comprendre. Si je ne pouvais, sur le champ, espérer arracher lady R*** de sa prison, je comptais bien, le lendemain, après avoir été pris pour un sorcier qui a pactisé avec le diable, je comptais bien, dis-je, réclamer, exiger même la délivrance immédiate de ma chère alliée. On va voir si mes souhaits devaient se réaliser.

XXV

JONGLERIES

En notre qualité de sorciers, le saint auvergnat et moi, nous fûmes traités avec les plus grands égards. Sur notre demande, il nous fut accordé une tente spéciale. C'est là que nous devions, à notre manière, évoquer Satan et préparer nos maléfices.

Me trouvant seul avec mon compagnon, j'eus hâte de l'interroger. La journée avait été semée d'événements si étranges, si imprévus, qu'il me tardait de sonder le terrain et de savoir, décidément, quel rôle il jouait dans cette pièce diabolique. Je ne comprenais rien à l'influence qu'il exerçait sur les Druses et ne pouvais l'attribuer entièrement à sa condition de *saint*. Il était évident que mon guide était connu des massacreurs, mais partageait-il leurs sentiments, se mêlait-il à leur saturnales sanguinaires, en un mot était il Druse de cœur ?

Si ce n'était qu'un simple étranger, initié à leurs mœurs, comment se faisait-il qu'à son appel les disciples d'Hakem vinssent avec une docilité, une soumission d'esclaves ? Comment ces barbares, ces farouches sicaires se rangeaient-ils devant lui, comme sur le passage d'un de leurs chefs ? Je m'y perdais. Je le pressai donc de questions et le suppliai, au nom de la France, de m'avouer la vérité.

Il demeura pendant quelques minutes sans répondre ; il se croisa les bras, promena un regard perçant autour de lui, parut prêter l'oreille aux moindres bruits et me dit à voix basse :

— As-tu jamais entendu parler d'une association née dans l'Inde et qui, après s'être étendue dans tout l'Orient, entra en Europe, compta parmi ses membres les notabilités les plus importantes, et n'a jamais faibli depuis des siècles, parce qu'elle a pour base l'inviolabilité de la foi jurée ? Cette association vit dans l'obscurité ; on ne la voit pas, mais, comme le géant cité par la Fable, elle a cent bras et s'introduit partout. Il n'est rien qu'elle ne sache, rien qu'elle ne surveille, rien qu'elle ne commente ; elle est en tous lieux. C'est une nationalité présente et invisible répandue sur la face du monde entier. Eh bien ! dans les montagnes du Liban, un ordre analogue existe : la plupart des Druses en font partie ; aussi, à un signe, au bruit d'un sifflet, ils savent se reconnaître. Je ne me suis pas fait naturaliser citoyen druse, mais j'appartiens à l'association et suis même un des chefs. Ne me demande pas de te faire connaître le premier élément de notre ordre, je serais parjure ! Tu pourrais me menacer de mort, me torturer, que je ne parlerais pas. Trahir son serment, c'est être plus vil que le chien, qui ne mord pas son maître ! Ces hommes, que je reconnais barbares, sanguinaires, n'en sont pas moins mes frères : je me tuerais plutôt que de les frapper. J'en ai dit assez ! Je veux bien t'aider à délivrer lady R***, parce qu'il n'y aura pas là, je l'espère, une seule goutte de sang versé. Si tu commets des imprudences, tu en seras le débiteur.

— Te sera-t-il possible de faire passer un billet à lady R*** ?

— J'entre où je veux : donne, je le lui remettrai. Seulement, s'il tombe entre les mains de quelque Druse, tu risques gros jeu. Tu périras écorché vif ou brûlé à petit feu, je t'en avertis !

— Prenons un moyen terme, lui dis-je, car, en m'exposant, je mettrais en péril les jours de lady R***. Va la trouver et fais-lui comprendre qu'elle peut espérer.

— J'y consens, mais souviens-toi que, s'il y a une chaîne à détacher, une corde à dénouer, un fer à détourner, je ne ferai rien. Je veux bien te protéger, mais il m'est impossible d'être ton soldat. Rappelle-toi cela.

Ces paroles, qui ne fardaient en rien la vérité, j'avais tout lieu de le croire, me soulagèrent d'un poids immense. La situation me semblait plus nette. Le saint auvergnat m'apparut tel qu'il était : je reconnus en lui un esprit loyal lié par le serment à un ordre qu'il répudiait au fond de l'âme. Je ne suspectais plus sa franchise : les explications avaient dissipé les nuages qui me troublèrent si vivement un moment. Il me servirait, j'en avais la persuasion, mais il lui répugnait de paraître hostile aux frères que lui donnait cette étrange association, un des cachets les plus remarquables des mœurs asiatiques.

Après quelques mots échangés, nous nous mîmes à l'ouvrage ; — nous employâmes toute la nuit à préparer des tours pour le lendemain. Quelle nuit fiévreuse! Le moindre bruit que je saisissais dans l'air me semblait le cri d'appel ou de désespoir des Maronites prisonniers, et surtout de la noble directrice de l'expédition.

L'Auvergnat et moi, nous travaillâmes sans relâche, et le matin venu nous nous rendîmes auprès du chef.

Je lui dis que j'étais prêt à faire sortir du sang d'une muraille, que je me laverais les mains dans du fer en fusion, que je prendrais entre mes lèvres une lame d'épée flamboyante ; et que, dociles à ma volonté, les balles se détourneraient et viendraient se loger dans une figue placée sur le sommet de ma tête. Dans ma harangue de banquiste, je promis mille tours plus diaboliques les uns que les autres. L'assistance, fort nombreuse, était des plus attentives. Une certaine incrédulité semblait néanmoins peinte sur plusieurs visages. J'avais donc à triompher doublement et à vaincre plusieurs esprits qui ne consentaient pas, d'emblée, à me prendre pour un sorcier. J'appris ensuite que ces personnages au regard méfiant et cruel, étant eux-mêmes marabouts, ne considéraient pas sans quelque inquiétude le nouveau venu, qui menaçait de les détrôner. Grand Dieu ! Aurais-je jamais supposé que des marabouts m'eussent vu avec des yeux jaloux de confrères ?

Pour commencer, et sans me donner la peine de suivre mon programme, je m'approche du chef druse, lui présente un pistolet et une vingtaine de balles. Il examine l'arme avec soin, souffle à plusieurs reprises dans le canon pour s'assurer de la parfaite communication avec la lumière, et, me regardant en face, il me dit :

— Ce pistolet est bon ! Donne-moi une balle, je vais te tuer.

— Tu me tueras, si mon talisman n'est pas plus fort que ta volonté.

Le Druse prend une des balles que je lui offre, amorce le pistolet, lève le bras sans se déranger de sa place, vise droit au cœur et presse la détente.

A cette minute, je prononce une parole cabalistique et agite les mains.

Le coup part, et, à la grande stupéfaction du chef,

je demeure debout et non blessé. L'étonnement redouble lorsque, prenant une figue que j'avais placée sur ma tête, j'affirme que la balle s'y trouve.

Je remets le fruit au chef qui, en l'ouvrant, voit, en effet, le projectile annoncé.

Je ne dépeindrai jamais l'impression que produisit ce tour, qui est pourtant un des plus simples du répertoire des prestidigitateurs. La foule, ébahie, poussa une sorte de hourrah guttural qui remplit toute la montagne. Décidément, l'on commençait à m'attribuer quelques relations avec le démon.

Afin d'arriver plus rapidement à mon but, je me livre à des simagrées, à des contorsions que mes assistants suivent avec l'attention la plus soutenue. Je me tords comme le chimpanzé, j'évoque les bons et les mauvais génies en roulant des yeux dignes d'une panthère. Après une parade que n'aurait pas désavoué un clown, je passe au prodige promis : — je déclare que je vais faire jaillir d'un mur blanc des gouttes de sang, à l'endroit même où la balle le frappera.

Je prends au hasard un pistolet chargé qu'on me présente, et, m'approchant d'un vieux pan de mur, je fais signe à la foule que le miracle va s'opérer.

J'abaisse lentement le canon du pistolet et presse la détente. Le coup part, et, à côté du trou formé par la balle, se dessine une large goutte de sang (1).

A ce spectacle, les Druses tombent dans une sorte de stupeur. Car plusieurs d'entre eux voient là plus qu'une opération magique, plus qu'une œuvre de sorcier, mais un présage fatal !

Je veux ensuite porter le coup de grâce en faisant quelques tours dans lesquels l'électricité et l'électro-aimant jouent le premier rôle. Si je m'étais adressé à des Européens, qui ont tous, pour la plupart, entendu parler des merveilles de la physique, je me serais bien gardé d'y avoir recours. Mais, qu'on ne l'oublie pas, j'étais en face d'hommes superstitieux et crédules, manquant de toute éducation et ne connaissant même pas de nom l'électricité. J'avais donc toute liberté d'action.

L'Auvergnat consentit à être mon compère dans cette circonstance. — Nous n'étions éloignés que de quelques mètres de notre tente. Les piles de la machine électrique y furent disposées. Des fils assez habilement dissimulés derrière un groupe d'arbres venaient aboutir à une espèce de large tabouret que j'avais isolé à l'aide de quatre verres grossiers. Tout cela avait été préparé durant la nuit, et échappa à nos ennemis.

---

(1) Ce tour, en apparence compliqué, est très-simple au fond. En voici la clef : on remplit de quelques gouttes de sang une balle faite en stéarine et on l'introduit dans le canon du pistolet déjà chargé. La suite se comprend.

— Par l'enfer! m'écriai-je, je porte l'éclair avec moi. Je suis de feu. Celui qui me touchera sera frappé par le feu!

Et, tout en prononçant ces paroles, je me plaçai sur le tabouret et fis signe au saint auvergnat d'établir le courant électrique.

Un marabout, que mes expériences n'avaient pas encore complètement convaincu, vint à moi, approcha résolûment sa main de ma figure, reçut une étincelle et tomba par terre en prononçant en tremblant le nom d'Hakem.

— Je peux tout! repris-je. Par ma volonté, les plus forts d'entre vous deviendront plus faibles que des enfants à la mamelle. Qui ose venir?

C'était un cruel affront que je faisais aux Druses, en mettant en doute leur force et leur courage. Ils parurent profondément humiliés, et plus de vingt d'entre eux s'approchèrent de moi en jurant qu'ils ne redoutaient rien et que je pouvais lutter avec eux.

— C'est bien! leur dis-je, luttons.

Je montrai une petite caisse d'environ cinquante centimètres carrés, la levai du bout des doigs et la plaçai sur le tabouret.

— Cette caisse est lourde comme le monde, m'écriai-je, et pourtant, je la porte sans peine. Votre faiblesse est telle que vous ne pourrez jamais la soulever. Essayez!

Un Druse, à l'encolure de taureau, aux épaules

d'athlète, une sorte d'Hercule, s'avance et veut prendre la caisse. Il l'enlace de ses bras nerveux, il la tire avec une incroyable violence, il s'efforce de lui imprimer des secousses, il rugit, tout son sang bouillonne, son œil flamboie de fureur. Vains efforts ! Au bout de quelques minutes, il se déclare vaincu et regagne sa place en se voilant le visage.

Désespérés, honteux, vingt Druses s'unissent et pensent qu'en joignant leurs forces, ils triompheront. — Les voilà, à demi couchés sur cette boîte ensorcelée, s'acharnant à la soulever et ne parvenant pas à la mouvoir d'une ligne. Tous leurs muscles sont tendus, leurs nerfs se raidissent ; peut-être vont-ils sortir victorieux ; mais, ô prodige ! ils tombent tout à coup sur le sol, ils se roulent, ils se tordent et se relèvent aussitôt en s'écriant qu'ils sont maudits, que leurs bras sont à jamais brisés et que ma puissance est immense.

Depuis longtemps, j'attendais cette minute. Enfin, j'étais bien maître de mes spectateurs ; tous tremblaient devant mes miracles.

Je signifiai alors au chef druse que, s'il ne voulait pas être frappé de mort à l'instant même, il fallait qu'il rendît aussitôt à la liberté ses prisonniers et la dame aux yeux d'azur (lady R***) ; car le marabout, son époux, appelé dans le paradis, et moi, nous avions jadis signé un pacte, et ce que l'un souhaitait, l'autre le voulait.

Il n'y eut pas un moment d'hésitation. Il fallait

à tout prix se débarrasser d'un diable de ma nature et ne pas encourir sa fureur.

Lady R*** sortit immédiatement de la tente ; — les chrétiens prisonniers furent délivrés, et nous prîmes congé du camp des Druses.

On me pardonnera de passer sous silence le délicieux entretien que j'eus avec ma charmante alliée. Il en est de ces enivrantes causeries comme des mots spirituels : en les répétant, on les défleurit.

XXVI

VIVE LA FRANCE!

Nous voilà avançant à grands pas à travers la campagne, et, moins curieux que la femme de Loth, ne jetant pas un regard par derrière, pour voir si nos ennemis suivent notre piste.

Lady R*** est montée sur un jeune cheval infiniment plus vigoureux que mon noble coursier, qui n'est autre qu'un âne au poil gris et grinchu et à la queue à demi rongée. Quelle humiliation pour un sorcier !

L'ami Traub (c'est ainsi que les Druses nommaient le saint auvergnat) va à pied et insoucieusement. Pour lui, les événements qui se sont passés sont parfaitement simples ; il est aussi paisible qu'un charlatan partant de la foire avec son bagage de jongleur. Décidément, c'est un des plus singuliers types que j'aie jamais rencontrés. — En parcourant le monde, qu'il a traversé en tout sens, cet homme, tout en conservant son individualité, a pris une légère teinture des hommes qu'il a fréquentés. Il est évidemment Français par le cœur, mais il y a en lui quelque chose de l'Arabe et du Druse.

Nous nous dirigeons du côté de notre campement, marchant vite, parlant beaucoup et le plus bas possible. Dans le Liban, l'air lui-même a des oreilles.

— Vous êtes sorcier, mon ami, me dit lady R*** je vais vous demander un tour : un tour peut-être impossible !

— Pour vous, madame, répondis-je avec une galanterie toute française, les tours se changeraient en miracles, si Dieu le voulait.

— Eh bien ! prononcez quelque parole cabalistique, tirez votre baguette magique, et envoyez-moi à Beyrouth avec ces braves gens, qui vont peut-être périr de souffrance dans la montagne.

Et elle me désigna les dix Maronites qui avaient échappé au combat.

— Madame, repris-je, vos souhaits ressemblent singulièrement à des arrêts que l'on brûle d'exécuter. Nous allons interroger le saint auvergnat, et, s'il y a possibilité, nous irons rejoindre nos amis de Beyrouth. Voyons, Traub, continuai-je en élevant la voix, penses-tu qu'il y ait danger à changer de direction et à marcher vers la mer, au lieu d'aller du côté de Damas ?

— Ma foi, répliqua-t-il, une poignée de rats qui se trouve au milieu d'une botte de foin en feu, peut à sa fantaisie gagner la droite ou la gauche.

Moi, je ne crains rien pour ma vieille peau, qui en a vu bien d'autres. Nous parlementerons bien toujours avec les balles, mais je ne réponds pas de la faim et de la soif. Le chemin est long d'ici à Beyrouth. Nous en avons au moins pour quatre jours.

— N'est-ce que cela ? m'écriai-je, partons !

Et au lieu de continuer vers l'est, nous prîmes un chemin du côté de l'occident.

Lady R*** et moi, nous causâmes plus peut-être qu'il n'est permis de le supposer ; nous parcourûmes ensemble le présent, le passé et l'avenir. Hélas ! Que de phrases tristes vinrent parfois jeter leur voile de deuil sur des pensées d'espoir !

Trois jours s'écoulèrent, et la faim ne nous persécuta pas. Nous trouvâmes du gibier et quelques plantes nutritives, que Traub sut nous offrir sous la forme la moins antigastronomique.

Les incidents qui auraient pu mal tourner furent tous prévus ou évités par sa perspicacité et son adresse.

Bref, pour me servir de l'expression figurée du saint auvergnat, nous étions sortis, ou à peu près, de la botte de foin en feu. Nous n'avions plus qu'une journée de route, et il était probable qu'elle se passerait aussi bien que les trois premières. Ne songeant plus au péril, et la chaleur nous paraissant alors au moins aussi à redouter que les Druses (nous n'avions pas moins de 43 degrés Réaumur !) ; ma chère voyageuse et moi, nous nous étions réfugiés sous un grand cèdre, dont les rameaux nous garantissaient tant bien que mal de l'ardeur des rayons. Traub, qui se moquait de tout, même du soleil, s'était écarté, et faisait de la géologie à sa manière, brisant des pierres avec des pierres et mettant dans son sac les plus brillantes.

Tout à coup, notre attention fut éveillée par un murmure confus de cris et de vociférations partant de fort loin, et qui ressemblait au bruit de quelque grande vague tumultueuse soulevée par les vents. A chaque seconde, les sons revenaient plus forts, plus distincts. En un instant, un monde de nouvelles émotions envahit notre âme : nous n'en pouvions douter, les Druses étaient en fuite devant l'armée française, et nous allions nous trouver sur leur passage...! Que faire? On ne parlemente pas avec des fuyards, qui d'ordinaire saccagent tout. D'ailleurs, le saint auvergnat n'était pas avec nous, et, seuls, nous ne pouvions espérer arrêter la fureur sanguinaire de nos ennemis. Que de perplexités, que d'angoisses! Et les minutes s'écoulaient, et nous ne savions quelle détermination prendre.

Les idées les plus extravagantes me traversaient l'esprit ; j'eus un moment la pensée de porter lady R*** au milieu d'un arbre et de dissimuler sa présence au moyen de branches et de feuillage. Nous en étions encore à chercher des expédients, lorsqu'une centaine de Druses débouchèrent par un sentier, et, en moins de temps qu'il n'en faut pour le dire, nous garrottèrent et nous jetèrent sur leurs chevaux.

Nous partîmes à fond de train du côté de l'orient avec nos sauvages ennemis. Quel voyage ! Un tumulte épouvantable nous accompagnait. Il nous semblait être environnés de guerriers comanches ou hûrons se disposant à nous scalper. Notre esprit en campagne ne s'arrêtait qu'aux conséquences les plus fatales.

Pourtant, nous aurions dû penser que, dans la situation où les Druses se trouvaient, si, sur le champ, ils nous avaient épargnés, ce n'était pas pour nous torturer ensuite. La présence de notre corps d'armée les inquiétait alors trop vivement pour qu'ils eussent cette témérité. Quoi qu'il en soit, on ne pèse pas ces considérations lorsque des hommes sanguinaires vous font prisonniers, et, de tous les horizons, on n'entrevoit alors que les plus sombres.

Nous chevauchions depuis plus de deux heures, lorsqu'un Druse, monté sur une cavale blanche, accourut dans un sens opposé et bride abattue. Je n'oublierai jamais sa figure effrayée et effrayante tout à la fois.

— Les Français ! s'écria-t-il, les Français !

Et du doigt il montre la direction du nord.

Presque au même instant, nous entendons le clairon de nos militaires, qui résonne dans la montagne voisine. On aurait dit, pour les Druses, le bruit de la trompette du jugement dernier : tous sautent à bas de leurs chevaux, abandonnent leurs bagages, et se dispersent dans le plus épais du fourré.

Nous demeurons seuls, et, quelques minutes après, lady R***, le Maronite et moi, nous sommes pris, mais par un bataillon de zouaves, qui nous emmène au son du joyeux air de la *Reine Hortense*. Quant au saint auvergnat, nous le perdons tout-à-fait, mais il est de ces hommes qu'on retrouve.

Le lendemain, nous faisions notre entrée dans Beyrouth, aux cris mille fois répétés de *vive la France!*

XXVII

MES AMIS DE BEYROUTH. — UN BAPTÊME

Quinze jours après notre arrivée, nous nous trouvions réunis dans la maison de M. Cahlben; sa délicieuse compagne nous recevait avec cette affabilité, avec ce laisser-aller plein de charme et cette familiarité digne qui sont le partage du petit nombre de ceux qui ont à la fois du cœur et de l'esprit.

Madame Emmelina a tout ce qu'il faut pour plaire: ses yeux sont d'une vivacité qui attire puissamment à elle et n'éveillent aucune pensée fâcheuse; sa bouche, souriante pour ceux qu'elle estime, demeure sérieuse sans malignité pour les indifférents. Le timbre de sa voix, cet écho de l'âme, comme l'a dit un poëte, est doux et mélodieux. Ses paroles sont à la fois élégantes, spirituelles et bienveillantes. C'est une admirable amie, une aimable enchanteresse qui se fait adorer sans le vouloir, qui captive sans le chercher et sans le savoir.

J'ai déjà parlé longuement de M. Cahlben; nos lecteurs le connaissent. C'est le dévoûment, c'est la générosité prudente et courageuse incarnés.

Une grande table est disposée dans une vaste salle à manger, où des plantes grasses et des bégonias forment, de distance en distance, d'énormes bouquets qui reposent la vue. Deux négrillons vêtus à l'orientale se tiennent aux extrémités et battent l'air de leurs larges éventails de plumes d'autruche. Des fleurs de toutes espèces, depuis les bruyères jusqu'aux camélias, se dressent sur la table dans des vases de Chine et du Japon. Des parfums coulent dans des cassolettes et répandent autour de nous l'enivrante odeur de la myrrhe et de l'oliban.

Des stores de soie, rayés de bandes bleues et rouges, étendus aux fenêtres, laissent pénétrer une lumière joyeuse, dont l'intensité est tempérée par plusieurs groupes d'orangers en fleurs placés à côté. Tout cela sourit à la vue comme un premier jour de printemps.

En prêtant l'oreille, nous entendons le chant de plusieurs femmes, qui s'accompagnent de la harpe, et qui font retentir l'air du bruit religieux et gai de cantiques divins.

Madame Cahlben me fait asseoir à sa droite, et, devant nous, lady R*** est également à la droite de M. Cahlben. Plus loin, je remarque notre vieux Abou-Khazen, ce ladre émérite qui nous a si noblement hébergés, il y a quelques mois. Plusieurs officiers français figurent aussi au milieu des convives, et, parmi eux, je distingue avec bonheur ce courageux et savant baron A..., qui se propose de connaître la Syrie aussi à fond que l'Algérie, devenue sa seconde patrie... Je retrouve plusieurs consuls que j'avais autrefois rencontrés dans les salons de lady R*** et plusieurs hauts personnages de Beyrouth; à deux pas de moi, est assis un jeune écrivain français, qui fera son chemin si l'on comprend le grand cœur qui palpite en lui et si les éditeurs ne sont pas hostiles à ses tendances humouristiques et indépendantes. Je vois aussi à peu de distance cet aimable touriste qui emploie sa belle fortune à parcourir le monde, et qui, sur le sol attristé de la Syrie, songe moins à son plaisir qu'à la charité. Mais il est temps de parler de la fête à laquelle on nous convie et surtout d'en donner le motif.

Une seule phrase suffira, et ceux qui ont eu le bonheur de ressentir les mêmes joies que M. et Mme Cahlben comprendront que ce jour devait être pour eux la fête la plus radieuse qu'ils aient jamais eue; cette seule phrase, la voici : — c'était le baptême de leur jeune enfant.

Le baptême, c'est la naissance sans le triste cortége des cris et de la douleur, c'est la naissance avec la pensée de l'éternité.

Je suis couvert d'honneur : — M. Cahlben a voulu que son jeune fils, le petit ange Paulo, entrât dans le monde chrétien sous mon patronage et sous celui de lady R***. Je me cite ici fort impoliment le premier, parce que les règles de l'étiquette le veulent. S'il s'agissait d'une fille, je n'aurais certes pas manqué de parler d'abord de ma charmante compagne en parrainage et d'implorer le ciel pour qu'il gratifiât le jeune petit être d'une partie des qualités de sa délicieuse marraine. Mais notre Paulo ne peut pas aspirer à des dons aussi généreux : il est homme et c'est trop dire.

N'importe, nous en ferons un homme, oui un homme dans le sens antique. Paulo pourra, si bon lui semble, porter le fez et fumer le chibouk, mais qu'il n'aille pas prendre les habitudes nonchalantes de l'Orient, je le renierais. Je veux que ce cher enfant soit animé des sentiments de la France, je veux qu'il marche dans le progrès, qu'il méprise les Turcs autant que nous les estimons peu, et qu'il soit, dans son temps, un des héros de la grande lutte qu'il y aura infailliblement entre l'Occident et l'Orient. Je veux... mais l'illustre Paulo réclame, en attendant, le sein de sa mère, et ne demande, en fait de conquête, que d'être le plus près possible de la femme charmante qui lui a donné le jour.

Au dessert, M. Cahlben a fait distribuer aux pauvres attroupés curieusement dans le voisinage tous les mets dont notre appétit n'avait pas voulu. Il est revenu presque aussitôt, et nous a chargés de sacs de dragées et de pralines, avec prière d'en mitrailler la foule. Nous tenant pour avertis, nous avons consciencieusement fait pleuvoir sur le peuple un déluge de chatteries, à la grande satisfaction des marmots turcs et des petits juifs. Plusieurs de ces derniers en ont, dit-on, acheté à vil prix à leurs jeunes compagnons pour les revendre aux confiseurs de Beyrouth. On n'a pas inutilement du sang israélite dans les veines.

La séance a été terminée par une soirée où, si personne n'a dansé, les langues ont fait un exercice merveilleux. On a, en moins de deux heures, parcouru le Liban, délivré les Maronites, battu les Druses, déjoué les perfidies turques, rétabli la paix, fait régner l'honnêteté partout, dénoncé les coupables, récompensé la vertu, posé les fondements d'un empire modèle, changé la carte d'Asie et la carte d'Europe ; ... en fin de compte, on s'est amicalement serré la main et dit adieu en s'essuyant le front et en demandant au ciel qu'il rende les hommes plus chauds pour le bien et le soleil moins chaud pour tous.

XXIX

MADAME CAHLBEN.

20 août.

Il y a deux jours, M. Cahlben et madame Emmelina partirent avec leur jeune enfant pour une promenade sur le bord de la mer. Le soleil commençait à disparaître du côté de l'occident et projetait de larges bandes de feu sur la Méditerranée, qui, à l'horizon, ressemblait à une mer de laves incandescentes. C'était un de ces admirables spectacles qui portent l'âme à la rêverie et à la contemplation du Très-Haut.

M. et Mme Cahlben s'entretenaient avec bonheur ; — ils échangeaient ces mille riens délicieux qui voltigent d'une âme à l'autre et laissent pourtant après eux de charmants et profonds souvenirs ; — ils devisaient doucement, la main dans la main, unis par cet amour qui n'a connu que des joies ineffables et qui a pour base l'estime.

Ils parlaient de leur cher petit Paulo, convoitaient

ses moindres regards et ses plus légers sourires. L'enfant tournait-il la tête vers eux, les parents se sentaient inondés de cette joie intime qui humecte d'une larme la paupière d'une mère et transporte un père d'un immense orgueil. — L'enfant portait-il sa vue sur les paysages voisins, aussitôt ses parents, poussés par une sorte d'instinct, dirigeaient immédiatement leurs regards vers le même point. Sublime est la sympathie qui nous unit à ces petits êtres! Une mère lit dans les yeux de son enfant, elle commente, elle explique ses moindres impressions, elle le devine, elle saisit, reconnaît son souffle entre des milliers de souffles; loin de lui, elle est avec lui; elle le suit partout où il est; on dirait qu'une puissance secrète lui fait pressentir les dangers qu'il peut courir; une mère est toujours un peu douée de la seconde vue, son amour a des ailes et son cœur a des yeux.

Nos deux jeunes mariés suivaient donc joyeusement un chemin étroit, bordé, de chaque côté, d'un fossé profond; — absorbés par leur aimable causerie, ils ne pensaient ni à la fuite du temps, ni aux dangers qui pouvaient les menacer. Comme la route était fort peu large, et que M. Cahlben, fidèle, en dépit même de sa femme, à son goût pour la botanique, s'arrêtait de temps à autre pour cueillir de nouvelles plantes qui manquaient à son herbier, Mme Emmelina le devança. Son mari s'acharnait à arracher une apocynée dont les racines se ramifiaient sous des rochers. Il perdit de vue sa femme.

Tout à coup, il entend un cri de détresse et reconnaît la voix de Mme Emmelina. Il se précipite du côté de sa chère compagne et aperçoit un homme, monté sur un âne, qui lève son bâton sur elle. Le sentier était trop étroit pour qu'il fût permis de se ranger à droite ou à gauche, et cet affreux musulman se réjouissait de la belle occasion qui lui était offerte de jeter dans un précipice la femme d'un Giaour.

M. Cahlben arrive, lorsque sa femme, à bout de forces, était incapable de lutter plus longtemps. — D'une main vigoureuse, il saisit le musulman et le fait descendre de sa monture. Les Turcs sont ordinairement timides devant les forts ; mais celui-ci, armé d'un gourdin noueux, oublia probablement qu'il était Turc et brandit son arme sur la tête de notre ami. Pendant ce temps, en sa qualité de femme et de tendre épouse, madame Emmelina perdait connaissance et roulait dans le fossé avec son jeune enfant.

Une lutte s'engage entre M. Cahlben et le musulman ; notre ami est un vigoureux adversaire, il finit par triompher et chassa honteusement ce vil coquin, assez lâche pour attaquer une femme ; en partant, le musulman se retourna et lança un affreux regard avec cette menace : — « Si tu me dénonces, toi ou l'un des tiens, vous périrez avant peu ! »

— Misérable ! s'écria M. Cahlben, tu crois me

faire peur. Eh bien! je ne te dénoncerai pas, car je te fais prisonnier sur le champ, j'en ai le droit.

Il se précipita de nouveau sur le musulman, le garrotta, lui lia les pieds et les mains, et, apercevant à peu de distance un homme qui passait, il le somma au nom de la France de garder à vue le coupable.

Ne songeant plus alors qu'à sa pauvre femme, M. Cahlben se laissa glisser auprès d'elle et parvint à la ranimer. La souffrance avait été plus morale que physique : elle eut assez de force pour regagner bientôt après sa demeure, mais, depuis, une fièvre ardente s'est emparée d'elle et nous ne sommes pas sans de vives inquiétudes.

Quant au misérable auteur de cette malheureuse affaire, il est en prison, et, dans quelques jours, il sera jugé, — mais jugé par des Turcs!

Mardi.

Voilà trois jours que madame Emmelina est en proie à une maladie que personne ne comprend. Par moment, elle retrouve sa lucidité ordinaire, demande à revoir ses amis et surtout à contempler son enfant. Elle rit alors avec lui, lui prodigue mille caresses, — puis un voile sombre descend tout-à-coup sur son beau front, ses paupières deviennent flasques et tombantes, ses yeux noirs, si brillants, perdent subitement tout leur éclat, ses traits se contractent, et une effrayante agonie commence; pendant le délire, son esprit lui retrace toujours la scène de la lutte entre son mari et le musulman; elle se lève sur son céans, veut se précipiter contre un personnage que lui représente son imagination, et retombe ensuite lourdement sur elle-même en poussant des cris déchirants.

Le médecin qui la soigne ne prononce aucune parole rassurante. La consternation est générale parmi nous. M. Cahlben semble fou de douleur.

Mercredi.

Le mal fait toujours des progrès; il nous semble voir déjà planer au-dessus de la demeure de notre amie l'ange noir de la mort. Depuis vingt-quatre heures, madame Emmelina n'a reconnu personne; sa respiration est pressée, haletante; — on dirait que le délire diminue, mais qu'il emporte avec lui les derniers feux de la vie. Plus de cent Maronites prient au seuil de la porte et se joignent à nous pour implorer la miséricorde du ciel; mais nous sommes sur une terre de fatalité, sur un sol de martyrs, et le Très-Haut ne se lasse pas d'appeler à lui ses plus glorieux enfants. — Quoi qu'il arrive, courbons nous devant la volonté de Dieu!

Jeudi.

Espoir, espoir! madame Emmelina vient de retrouver ses sens et promène son délicieux regard sur tous ceux qu'elle aime.

« Mes chers amis, nous a-t-elle dit, je me sens bien mieux; mais comme je vois clair! Je n'ai jamais eu des yeux aussi perçants; j'entends aussi les moindres bruits... Comme je vais être heureuse de vivre! de vivre avec des cœurs comme les vôtres... Je vous ai fait peur, avouez-le, mais ce n'est plus rien! Je me porte mieux que jamais...; je vais me lever et promener mon petit Paulo. Ce cher enfant doit penser que sa mère est une vilaine, de l'abandonner ainsi. »

Puis se retournant vers son mari, qui se tenait debout à côté du chevet.

« Eh bien, ami, tu ne me parles pas. Sais-tu que j'ai cru un moment que j'allais te dire adieu pour toujours. Folle que j'étais! Est-ce que l'on meurt à vingt-cinq ans, lorsque l'on a un mari comme toi et un petit ange comme Paulo! Mais, maintenant, je n'ai plus peur... — Quelles belles journées nous allons passer! Tu me feras la lecture, et je ne sortirai plus du jardin. J'habillerai moi-même mon fils, je ne veux plus de domestique pour lui; il faut qu'une mère soigne son enfant... Sais-tu, ami, ce que j'ai pensé? — Au printemps, nous irons faire un voyage en France. Je serai si glorieuse qu'on connaisse mon Paulo! Je le vois déjà grand à cette époque-là! Et ma sœur sera si heureuse d'embrasser son neveu!... Comme je suis devenue babillarde, n'est-ce pas? Je dis mille choses sans suite, mais je vais bien, va ! C'est la joie d'être bien portante qui me fait parler. »

Depuis plusieurs heures, lady R***, et moi nous nous tenons dans la chambre voisine, et les moindres phrases de notre amie parviennent jusqu'à nous. Elle cause avec une volubilité qui rappelle trop le prélude de la fièvre pour ne pas nous effrayer, et cependant elle a recouvré toute sa lucidité d'esprit : les moindres événements du passé sont présents à sa mémoire.

Le docteur T*** lui fait en ce moment une visite. Il doit passer auprès de nous avant de sortir, et à nous, que l'on considère comme étrangers, quoique notre cœur soit pourtant animé d'une affection immense, à nous la vérité sera dite. Le docteur revient; nous l'interrogeons.

— Mes chers amis, nous dit-il, la nature fait quelquefois des miracles ! Espérons encore.

Nous l'obligeons à s'expliquer, à ne rien nous cacher. « Avant de s'éteindre, nous répond-il avec tristesse, la lumière envoie souvent du ciel une dernière lueur. Madame Emmelina a, dans cette surexcitation vitale, parcouru tous les âges de la vie ou plutôt usé toute son existence. Maintenant encore, elle est gaie et souriante, comme elle l'aurait toujours été, mais son âme se détache d'elle peu à peu, et demain, mes amis, demain... elle ne sera plus. La édecine ne peut rien contre Dieu. »

Nous nous éloignâmes pour pleurer, et nous agenouillâmes, d'un commun accord, comme pour demander à Dieu la grâce de notre amie. Presque immédiatement, un grand bruit se fait dans la maison. Des cris partent de la chambre de madame Emmelina, et les mots : *Elle est morte !* se propagent partout et répandent en tous lieux un morne accablement.

Tout était, en effet, fini pour cette belle Emmelina, naguère radieuse et si pleine de vie. L'ange de la mort avait frappé ; derrière sa trace funèbre nous vîmes tous un deuil qui ne veut pas de consolations.

XXX

PASSÉ ET PRÉSENT

Plus d'une année s'est écoulée depuis le jour où madame Emmelina nous a été ravie. La mort de cette femme, dont les qualités étaient à la fois si solides et si brillantes, m'avait si cruellement impressionné, que je n'eus pas le courage de reprendre ce journal fermé sur un deuil.

Depuis cette époque, bien des événements sont arrivés. L'ange noir qui s'était abattu sur la maison de M. Cahlben a frappé de son aile deux de mes compagnons de voyage : — Mauriac et le vieux militaire Godefroy ont rendu leur âme à Dieu ; l'un a murmuré, avant d'expirer, le nom de miss Clara; l'autre s'est écrié en mourant : « Tête de Turc ! Canaille ! »

Pleurons sur ceux qui ne sont plus, et, puisque le destin le veut, marchons dans le domaine de l'oubli ; — de ce triste oubli ! que Dieu a voulu placer dans tous nos cœurs pour que notre vie ne soit pas qu'un amer regret de la veille. Adieu donc, saintes âmes qui nous avez quittés ! Adieu ! Soyez plus heureuses dans le royaume des morts que sur cette terre où l'homme n'a pas de plus grand ennemi que l'homme !

Que s'est-il passé dans le Liban, depuis une année ? Les Maronites ont ils obtenu une réparation ? Les Druses sont-ils pacifiés ? Les Turcs se sont-ils amendés ? Rien de tout cela n'est arrivé. L'injustice plane toujours au-dessus de cette terre qui a pour étendard le croissant, cette épée à deux pointes, l'une pour la trahison, l'autre pour le fanatisme.

Nous sommes ici sur un sol fatal : il a vu périr le Christ, il a entendu les premiers blasphèmes, il a été baigné du sang des martyrs et des croisés. Toujours le meurtre sur cette terre, et cependant, par un contraste bizarre, on y respire un charme inexprimable, un attrait irrésistible. Le cœur a des mystères que l'on n'explique pas.

Au milieu des montagnes, ne vous est-il jamais arrivé de vous placer sur un rocher qui surplombe une vallée profonde? Alors, promenant vos yeux autour de vous, vous regardiez avec un délicieux effroi le précipice ouvert sous vos pieds ; la mort était là. Vous la voyiez apparaître, vous envelopper, pour ainsi dire, dans ses bras, et vous demeuriez fasciné par le danger, enivré par le voisinage du péril. Ainsi sommes-nous ici.

Cet attrait existe pour tous, mais il en est un

autre pour moi. Le plus ineffable des devoirs me retient sur la côte de Syrie. Vous qui m'avez suivi dans mes voyages au milieu du Liban, vous qui avez pu apprécier *ses* charmes et *sa* grandeur d'âme, il vous est facile de me comprendre, de me deviner. Ce devoir, vous me l'auriez peut-être envié.

Quoi qu'il en soit, si vous passez jamais sur les quais de Beyrouth, vous pourrez frapper en toute assurance à une demeure élégante, — *parva sed apta*, — adossée à un jardin où s'entrelacent ormes et vignes, à la manière italienne; — le logis est flanqué, au nord, de deux tourelles, dont l'une est couronnée d'un belvédère. Des guirlandes de plantes grimpantes serpentent autour de la façade et s'en vont amoureusement caresser de leurs dernières tiges un vieux pin qui se tord sous le poids de cent années.

Si vous vous sentez dévoué à la cause de l'indépendance, si vous n'avez pas le cœur turc, soulevez le marteau de la porte, entrez, vous trouverez un compatriote, et, ce que vous apprécierez davantage, une femme de beaucoup d'esprit et d'un grand cœur. L'hôte de la maison vous embrassera, si vous êtes Français; — si vous êtes Anglais, il vous secouera fraternellement la main trois fois; mais, encore un coup, malheur, si votre âme est entachée de principes osmanlis, vous ne serez plus qu'un vil profane!

Le véritable souverain de la maison est une femme. Le mari, tout en gouvernant aux yeux du monde, sait bien qu'il ne commande que suivant la volonté de sa compagne. Loin de s'en plaindre, il s'en félicite, car, depuis qu'il agit ainsi, tout ce qu'il fait est bien.

Votre hôte vous imposera d'abord la vue de ses collections, et d'une galerie complète de pochades, de croquis et d'ébauches, puis il vous permettra de converser avec sa femme ; — si vous la trouvez jolie, spirituelle, séduisante, — ce qui sera sans nul doute, — vous vous adresserez non à elle, mais à lui. Il préfère recevoir les compliments destinés à sa compagne ; non pas que les succès de sa chère lady le troublent et inquiètent son sommeil, mais il partage l'âme de sa bien-aimée, et l'effet produit, croyez-le, sera positivement le même.

Donc, amis lecteurs, je suis marié, — marié avec l'héroïne du Liban, lady R***. — Jeunes gens, faites comme moi ; si votre bonne étoile vous présente une femme belle sans coquetterie, — spirituelle sans prétention, — chrétienne fervente, sans mysticisme, mariez-vous au plus vite.

D'ailleurs, je suis de l'avis de Franklin, un célibataire est un être auquel il manque quelque chose, il ressemble à une moitié de ciseaux qui attend son autre moitié sans laquelle on la rejette comme inutile.

Voulez-vous maintenant savoir ce que sont devenus nos anciens campagnons ? — Traub, le saint auvergnat, est toujours aussi railleur, aussi étrange que par le passé. Il vit retiré dans une grotte de la montagne, et nous a promis de nous prévenir à la moindre alerte. Il prépare ses mémoires, qui seront très-pittoresques : avant peu ils paraîtront sous ce titre prestigieux : Un Misérable ! Il se fait fort, pour plaire au public, de parler argot depuis la première jusqu'à la dernière page. — Mon guide Amrou est devenu le meilleur de mes serviteurs : il aime peut-être un peu trop l'eau-de-vie pour un bon disciple de Mahomet, mais il a tant et de si belles qualités que je lui pardonne. — Le vieil Abou-Khazen est plus maigre, plus frêle, plus avare que jamais. Il a mis la dernière main à son grand ouvrage sur le sanscrit et l'arménien comparés ; le pauvre homme croit les linguistes en émoi ! — Nos quatre Anglais et nos trois Allemands ont regagné leur patrie. Ceux-là nous ont assuré qu'on les reverrait au premier trouble ; — ceux-ci ne nous reviendront certes pas. En rentrant dans leur grave Allemagne, ils ont épousé les trois blondes et fortes filles du célèbre aubergiste de Leipsick, le gros maître Ehrmann.

John Speck, le bouillant Yankee, s'est élancé tout d'un coup en Amérique. Les Unionistes en ont fait un diplomate. — Enfin miss Clara, la cruelle fille d'Albion, miss Clara, qui se vantait d'être une nouvelle lady Esther Stanhope, miss Clara a lié son existence à celle... de l'un des Arabes d'Abd-el-Kader... — Priez pour lui !

FIN

LA FERME DU NICARAGUA

LA FERME DU NICARAGUA

I

LES INGÉNIEURS A NICARAGUA

— Sir William, si vous continuez vos études archéologiques avec le même succès, je ne doute pas que Londres ne vous élève à votre retour une statue dans le *British Museum;* mais la compagnie du futur canal de Nicaragua pourra bien vous dire fort poliment qu'elle accepte votre démission d'ingénieur.

— Mon cher Hippolyte, vous êtes Français, vous avez l'esprit frondeur; — je m'acquitte très-scrupuleusement de mes fonctions, et je suis prêt à soumettre, s'il le faut, vingt projets de communications interocéaniques....; tous sont praticables, même celui où je me propose de faire passer les navires dans un tunnel....

— C'est une question de millions ! mon cher sir William ; mais, avant d'examiner sur le terrain même si votre projet n'est pas une œuvre impossible, vous fouillez le sol comme un membre de l'école d'Athènes, et faites des découvertes de divinités mexicaines qui vous vaudront, un jour ou l'autre, l'honorable titre de compagnon de l'ordre du Bain.

— Les Français, disait je ne sais plus quel moraliste, sont aussi moqueurs que des femmes ; c'est pour cela qu'on les aime tant... Vous raillez, mon cher Hippolyte, mes penchants archéologiques, et vous-même feriez volontiers un plongeon dans le lac de Nicaragua, au risque d'être dévoré par les caïmans, si, par malheur, votre petite boîte à insectes venait à y tomber.

— Sans doute, parce qu'en revenant à Paris, j'ai l'espoir de faire mourir de jalousie la moitié des entomologistes de la capitale, en leur montrant ma collection de coléoptères ; en conscience, vous ne blâmez pas une si petite satisfaction.

Ainsi devisaient paisiblement, par un jour du mois d'août 1857, sur le bord du beau lac de Nicaragua, sous l'ombrage des bananiers, deux ingénieurs de nations rivales, mais de cœurs généreux et enthousiastes. A quelque distance, un navire de petit tonnage, à l'ancre, se balançait sous le souffle d'un vent impétueux; l'embarcation paraissait, pour le moment, sinon abandonnée, du moins vide de tout matelot. Le soleil au zénith dardait sur la terre ses ardents rayons.

— Cet effronté de Miguel! s'écria avec mécontentement Hippolyte de Rivesaltes, en regardant le vaisseau, ce diable de Miguel nous laissera éternellement sur cette grève! Vous l'aviez bien prédit, sir William, nous n'arriverons pas à Zapatero (1) avant la nuit, tandis que nous devions toucher avant l'aurore cette terre promise de l'archéologie.

— Les marins du Nicaragua ressemblent étrangement à des nègres.

— Les nègres, répliqua de Rivesaltes, obéissent au moins au bâton, mais je n'oserais frapper de sang froid des blancs, surtout des arrière-neveux de Cortez.

— Mon cher ami, reprit flegmatiquement l'Anglais, la fin justifie les moyens; je crois, comme Sganarelle, que le bâton est la clef de bien des portes de sortie. Suivez-moi et préparez-vous à corriger vigoureusement les marauds.

— Si je ne me trompe, reprit Hippolyte, ces lazzaroni doivent se dorer sur la grève comme des épis de blé. En effet, regardez! —Apercevez-vous, à deux cents pas d'ici, deux de nos mécréants qui

---

(1) L'île de Zapatero s'élève dans la partie septentrionale du grand lac de Nicaragua, qui donne, comme on le sait, son nom à un État et à une ville de l'Amérique centrale.

dorment au soleil, et un troisième qui devise à côté d'une blanchisseuse au teint d'ébène?

Les deux jeunes gens se trouvèrent bientôt auprès des deux matelots, étendus sur le sable brûlant de la grève, en costume plus que simple.

— Où est le patron?

— *Quien sabe* (qui le sait)? répliquèrent d'une voix mourante les deux matelots, qui se contentèrent de relever mollement leur tête basanée, qu'ils laissèrent immédiatement retomber.

— Sir William, s'écria Hippolyte en riant, je vais être implacable!

— Commencez donc, je vous promets pour ma part d'être terrible.

Hippolyte de Rivesaltes asséna un vigoureux coup de bâton sur les reins d'un des matelots, pendant que sir William gratifiait l'autre d'un coup de pied. Les pauvres diables furent bientôt debout, demandèrent pardon aux señores, et parurent comprendre que des étrangers qui agissaient avec un tel sans façon devaient être des seigneurs de la plus haute distinction. — L'un d'eux se frotta le côté pendant quelques minutes avec une physionomie peu satisfaite.

— Si tu te plains, lui dit froidement sir William en lui montrant la crosse de son pistolet, j'ai de quoi calmer tes douleurs.

La menace ne fut pas sans effet, le matelot reprit un air moins lugubre et se disposa à obéir comme un esclave.

— Nous vous ordonnons, dit Hippolyte, d'appareiller le navire au plus vite; nous vous surveillerons, et le premier qui manquera à son devoir recevra une dépêche de nos pistolets.

Un des lazzaroni de Nicaragua fut délégué à la recherche de Miguel, qui revint bientôt, essoufflé et chapeau bas, demander humblement pardon du retard; — il jura par la sainte Vierge que les señores seraient à l'île de Zapatero avant trois heures.

— Eh bien! Hippolyte, croyez-vous encore qu'on ne doive frapper que des nègres?

— Sir William, Cicéron et Démosthènes auraient échoué; votre botte et mon bâton ont été plus éloquents.

Une demi-heure après, les deux jeunes gens montaient dans la *Santa-Cruz*, dont Miguel était le seigneur et maître; la *Santa-Cruz*, réputée le meilleur des bâtiments de Nicaragua, comptait environ une dizaine de matelots, pour la plupart *Mestizos*, c'est-à-dire tenant autant des Espagnols que des Indiens. Hippolyte et sir William, en qualité de señores, se placèrent dans la *chopa*, sorte de petite case réservée d'où les regards peuvent planer au loin sur les flots. Au dessous, se rangèrent des marins qui parurent d'abord faire un puissant effort sur eux-mêmes pour remuer les ra mes ; au gaillard d'arrière, se tint le patron, qui, voulant montrer du zèle, invoquait dans ses moindres commandements tous les saints du Paradis.

L'activité de Miguel ne dura pas longtemps : dès qu'il vit que l'embarcation voguait à pleine voile et que les matelots avaient courageusement engagé le combat avec le travail, il prit deux ou trois bonnes gorgées d'*agua ardiente*, s'accroupit dans un coin, et, bien que secoué de côté et d'autre par le roulis comme un volant par des raquettes, il ne tarda pas à se livrer, sans penser à mal, à un turbulent sommeil.

Grâce à un vent vif et soutenu, nos voyageurs s'éloignèrent rapidement des côtes, se rapprochèrent de l'île d'Ométépé, dont le volcan éteint dresse sa silhouette imposante sur le fond azuré du ciel; les paysages les plus riants et les plus sauvages se déployèrent tour à tour sous leurs yeux : — tantôt de superbes rochers noirs, débris gigantesques des éruptions volcaniques, dessinaient en lignes aiguës le rivage ; — tantôt des arbres s'étageaient sur les rampes escarpées des montagnes voisines, et de pittoresques huttes se détachaient sur un fond de délicieuse verdure ; — tantôt, au milieu des plantes vigoureuses qui bordaient la côte, apparaissaient des singes hurleurs, des macaws aux plumes irisées, des perruches criardes, des perroquets babillards, des iguanes qui, à l'approche du bâtiment, se hâtaient de fuir dans les fourrés ; — tantôt une cabane d'indigènes se montrait à travers le feuillage, et des femmes, des enfants à moitié plongés dans l'eau, regardaient avec étonnement la civilisation qui passait sous la forme d'un navire ; — quelquefois, les voyageurs distinguaient une barque qui glissait silencieusement à travers les roseaux et disparaissait dans des échappées bordées de lianes ; — parfois le cri rauque du caïman sortait des mangliers, l'onde se troublait immédiatement à peu de distance du rivage, et des orbes venaient mourir jusqu'au vaisseau ; — çà et là, des hérons, des flammants, des canards musqués et d'autres oiseaux aquatiques s'ébattaient au milieu des roseaux et remplissaient l'air de leurs cris ; — enfin, des milliers de fleurs aux couleurs éclatantes s'épanouissaient sur les eaux, et jetaient au vent leur parfum, qui arrivait en douces effluves jusque dans la chopa de la *Santa-Cruz*, où nos deux Européens ravis enivraient leurs sens au spectacle magique qui se déroulait devant eux.

Le soleil, qui disparaissait derrière les volcans de Mazaya et de Mombacho, illuminait d'un dernier rayon cette nature enchanteresse, et la terre s'enveloppait peu à peu de l'imposante solennité du soir.

Les matelots, tout en ramant, se mirent à chanter en chœur un de ces refrains qui ressemblent à une idylle, lorsqu'on vogue sur un beau lac, au milieu de la solitude du crépuscule, et qui ne forment, la plupart du temps, qu'un chant vulgaire sur la terre ferme. Quoi qu'il en soit, nos deux ingénieurs prêtèrent avec délice l'oreille à ces paroles chantées sur un ton mâle.

>Memorias dolorosas
>De mi traidor amante
>Huye de me in instante
>Haced lo per piedad.

— Eh bien! sir William, nous voilà presque transportés dans votre loge de Queen's Theatre, mais je gage que cet horizon empourpré et ces voix métalliques de Mestizos vous charment plus que tous les couchers de soleil factices d'opéra, et que toutes les roulades des ténors italiens; cette fois, vous préférez la réalité à la fiction.

— Mon cher Hippolyte, je ne rêve jamais au passé, mais à l'avenir.

— Et vous réfléchissez à votre vingt-et-unième communication interocéanique ou aux superbes monolithes qui vous attendent dans Zapatero.

— Non, mais tout prosaïquement à la nuit que nous allons passer sur notre îlot, ayant le ciel pour toit et la mousse pour oreiller, en proie à ces affreux moustiques, sans parler de beaucoup d'autres parasites dont ces honnêtes matelots vont nous gratifier.

— Vous ferez une ode à la lune, comme Musset,

et, à chaque nouvelle attaque d'un parasite, nous chanterons ensemble des *Tristes*, comme Ovide ; à la fin de la nuit, nous aurons sûrement un poëme tout entier.

— Hippolyte, avant un quart d'heure, les moustiques vont nous inspirer, nous ne sommes plus qu'à quelques nœuds de Zapatero.

— Sir William, réjouissez-vous, j'aperçois de loin le profil de divinités de pierre qui vous dédommageront demain de tous les malencontres de la nuit.

En ce moment, la voix sonore de Miguel se fit entendre :

— Accoste, accoste... bien... à l'arrière... à toi, Pedro... gare à l'abordage... jette la corde... allons, Iago, courage mon garçon... un coup d'aviron par la droite... pas mal, mes enfants... tiens ferme, Hernando !

Une secousse légère indiqua aux voyageurs qu'on venait d'atterrir.

— Señores, vos excellences sont, grâce à la madone, arrivés sains et saufs à Zapatero ; — nous recommandons les matelots de la *Santa-Cruz* aux prières des señores caballeros, dit un Mestizo aux deux ingénieurs, en les priant de vouloir bien prendre la peine de descendre sur le rivage.

— Sir William, voilà un coquin qui n'aurait pas été mauvais diplomate !

— Mon cher Hippolyte, toute peine mérite un

salaire : le pauvre diable a médité, je suis sûr, pendant plus d'un quart d'heure la phrase habile qu'il vient de nous réciter... ; elle vaut bien une gorgée d'*agua ardiente*, soyons prodigues d'eau-de-vie avec les Indiens... ; cette terrible liqueur a fait le tour du monde et s'est emparée de l'Amérique... Sans elle, nos amis les Yankees auraient-ils jamais dompté les Peaux-Rouges ?

Une jarre d'*agua ardiente* circula bientôt sans façon de bouche en bouche, et Miguel, le patron, se permit de prendre part à la libation ; — un des matelots aventura ce cri enthousiaste : *vivan los señores del norte!* Le vivat fut répété à l'unisson par tous les marins, ce qui voulait dire, en bonne traduction, qu'on désirait revoir de près la bouteille d'agua ardiente ; — on ne se montre jamais plus généreux que lorsqu'il est impossible de ne pas l'être ; — les ingénieurs firent l'abandon de la jarre, et l'on accueillit cette nouvelle gracieuseté par ce cri d'allégresse : *los señores son diablos!* C'était, suivant les matelots, faire le plus aimable compliment aux étrangers !

— Savez-vous quel meilleur parti nous avons à prendre, sir William ?

— Non.

— C'est d'allumer une lanterne et de nous promener à la Diogène dans les environs, en nous écartant le plus possible de ces matelots, qui rayonnent les aptères d'horrible manière !

— Partons donc, marchons à la recherche de l'inconnu, et prions le ciel de ne pas nous faire rencontrer sur notre route quelque antre de sérpent ou quelque gosier de crocodile.

II

UNE NUIT D'AVENTURES

Quelques minutes après, nos deux aventuriers, lanterne en main et pistolet au poing, s'avançaient à la découverte, au milieu des lianes et des hautes herbes. Malgré tous les mystères dont la nuit revêt les moindres groupes d'arbres, les intrépides voyageurs se frayaient un chemin à travers les rochers et les plus sombres fourrés ; de temps à autre, un oiseau, éveillé par la lueur de la lanterne et encore engourdi par le sommeil, s'envolait lourdement dans le voisinage, en poussant des cris de détresse ; un singe tendait à travers le feuillage une tête stupéfaite, et paraissait pétrifié de voir sa retraite nocturne envahie par des hommes.

— Sir William, nous ferons cet hiver les délices de la société européenne, en racontant nos hauts faits de Zapatero ! Que ne rencontrons-nous quelque chat sauvage, que nous ferions passer pour un tigre farouche ! — Nos exploits seraient complets.

— Si Zapatero ne possède pas de tigres aussi

gros que ceux du Bengale, les caïmans et les jaguars y doivent croître et multiplier; je vous conseille, mon cher ami, de vous tenir en garde contre les ennemis!

— Allons, cher sir William, vous voilà plus craintif que votre roi Jacques Ier. Ce qui manque toujours aux touristes, ce sont les épisodes! — Dans cent années, lorsque le Nouveau Monde sera traversé par des réseaux de fer, et civilisé du nord au sud, il aura perdu tout son prestige, et les commis-marchands viendront seuls l'explorer avec leurs ballots et leur ignorance. Si j'aperçois, au milieu des lianes, les yeux d'un jaguar, j'éteindrai ces escarboucles, comme des lumières dans un tir. Le danger, c'est l'attrait, dans le voyage.

— Comme Français, mon ami, vous êtes railleur, et, dois-je le dire?...

— Parlez, soyez franc, sir William, vous ferez honneur à votre gouvernement.

— Et bien, souvenez-vous d'une certaine fable, où certains chasseurs se vantaient de prendre certain ours..... Mais, Hippolyte, regardez à vingt pas en avant, si vous ne distinguez pas deux prunelles de feu qui paraissent s'avancer de notre côté!

— Par ma foi, sir William, ces deux lanternes vivantes méritent une correction... Attendez!

Avant qu'Hippolyte ait eu le temps de s'apprêter à viser, un coup de feu partit; sir William avait tiré sur le monstre. Un silence profond suivit la détonation; les deux jeunes gens, attentifs au moindre bruit, s'apprêtaient de nouveau à livrer combat au jaguar, lorsqu'un affreux craquement de branchages sortit des mangliers à quelques pas d'eux. Malgré toute leur bravoure, à ce bruit si rapproché, Hippolyte et William ne purent s'empêcher de sentir un frémissement de crainte parcourir tous leurs membres; ils cherchaient en vain à distinguer dans l'obscurité les yeux de l'animal, ils n'aperçurent que confusément un corps allongé se repliant dans les hautes herbes.

— Tirons, s'écria Hippolyte.

— Impossible! reprit sir William, nos balles porteront à faux!

. Une minute à peine venait de s'écouler dans la plus affreuse perplexité que le monstre bondissait aux pieds des jeunes gens.

— Nous sommes perdus! fut la seule phrase que purent prononcer les malheureux voyageurs. — Ils dirigèrent à la hâte leurs pistolets vers le jaguar, et les deux coups de feu retentirent au même moment. Un cri rauque et strident expira dans la gorge de l'animal, qui se tordit quelques secondes sur lui-même, et s'élança en bonds désespérés du côté des mangliers.

— Victoire! s'écrièrent les jeunes gens.

— Hippolyte, vous vouliez des épisodes, vous voilà servi à souhait!

— Cher sir William, nous nous sommes conduits

comme des héros; maintenant sortons le plus rapidement possible de ces jungles maudites !

A une centaine de pas plus loin, la lueur d'une torche, filtrant à travers les broussailles, attira les regards des voyageurs.

— C'est probablement Miguel et sa troupe qui viennent nous prêter main forte.

— Y pensez-vous ? jamais Espagnol ne s'est dérangé dans son sommeil.

— Alors, sir William, il nous faut armer nos pistolets. C'est peut-être quelque flibustier de la troupe de Walker !

— En ce cas, Hippolyte, je préférerais rencontrer un nouveau jaguar.

— Holà ho ! — pas peur ! — pas tirer ! — nous secours ! — Ces mots sortirent du feuillage et vinrent frapper les oreilles des jeunes gens.

— Allons, s'écria de Rivesaltes, voilà du bon nègre tout pur. Ce langage-là ne peut-être que celui d'un enfant d'Afrique.

— Mon cher ami, nous sommes en bonne voie ; s'il y a des nègres secourables, il doit se trouver à quelques pas d'ici des blancs qui nous font secourir !

Quelques instants après, William et Hippolyte se trouvèrent à côté d'un nègre, qui leur dit que son maître, le señor Andrès, ayant entendu trois détonations d'arme à feu, s'était douté qu'une lutte devait être engagée avec des jaguars; — en bon catholique, il avait dépêché son principal serviteur au secours des combattants, et les engageait à venir se reposer dans sa *hacienda*. Comme on le présume, les deux ingénieurs acceptèrent volontiers une hospitalité si bienveillante.

Le nègre José les conduisit, à travers des cultures de caféiers et d'indigotiers, dans un jardin où des bosquets d'orangers et de citronniers inondaient les environs de leur enivrante senteur.

Une demeure assez vaste, ressemblant moins à une de nos villas qu'à une opulente case d'indigènes, apparut bientôt, encadrée dans un bouquet de bananiers et de cocotiers; un cordon de plantes grimpantes, de vignes vierges et de chèvrefeuilles se déroulait gracieusement autour des fenêtres et des portes de l'habitation.

— Señores, vous entrer dans salle basse;— vous, attendre maître; moi prévenir; — dit José avec un sourire qui ressemble toujours, sur la figure des nègres, à quelque provocation diabolique.

Sir William et Hippolyte de Rivesaltes entrèrent dans une salle élégante, ornée de panoplies et d'ouvrages en écorce d'arbre; — au fond de la pièce, deux aras sur leur perchoir étaient immobiles comme des perroquets empaillés; entre eux se dressait une cage remplie de brochettes d'oiseaux endormis, qui, en apercevant la lueur de la torche, se mirent à gazouiller comme au lever du jour.

Les jeunes gens n'attendirent pas longtemps l'arrivée du señor Andrès, homme d'une cinquantaine d'années, à la chevelure grisonnante, à la physionomie intelligente et affable.

— Messieurs, dit-il en langue espagnole, vous êtes les bienvenus dans notre ferme; j'ai assisté de loin à vos exploits, et je m'honore d'offrir l'hospitalité à d'aussi intrépides chasseurs.

— Señor, répondit de Rivesaltes, nous allons bénir les tigres, puisqu'il nous ont servi d'intermédiaire auprès de vous.

— La coutume britannique et par conséquent universelle, dit à son tour William, avec une légère pointe d'amour national, — est de se faire présenter, et, comme nous ne sommes jusqu'à présent connus à Zapatero que des animaux sauvages, nous pensons utile, señor, de vous décliner qui nous sommes...; vous voyez, en mon ami, un ingénieur français envoyé à Nicaragua pour le futur percement de l'isthme; je me plais à le nommer mon excellent collègue, Hippolyte de Rivesaltes.

Andrès s'avança avec empressement vers Hippolyte, lui serra la main avec effusion :

— Permettez-moi, monsieur, dit-il avec une profonde sensibilité, de vous exprimer tout mon bonheur en vous voyant; — je suis moi-même Français, et tout compatriote m'est cher, mais monsieur de Rivesaltes me l'est à double titre : votre famille était amie de la mienne; — hélas!

vous ne m'avez pas connu ; il y a plus de vingt années que j'ai quitté la France par un de ces coups de tête dont on se repent quelquefois, mais trop tard... Le Nicaragua était autrefois une patrie de paix et de bonheur, aujourd'hui nous vivons sur un volcan... Walker, le Catilina de l'Amérique centrale, veut nous imposer un gouvernement que lui seul aime... Quoi qu'il en soit, j'ai vécu heureux à Zapatero : il faut bien quelques nuages dans l'existence. Mais ce n'est pas le moment de disserter de nos infortunes, il faut surtout penser à vous... Pedro, José, préparez une collation aux señores.

Le señor Andrès, ou plutôt M. André de Falconnier, accabla pendant une heure entière M. de Rivesaltes de questions de tous genres. — A l'étranger, un compatriote, c'est la personnification de la patrie lointaine. — On voyait percer une certaine affliction à travers toutes les paroles du colon de Zapatero : la France était toujours présente à sa pensée ; — qui a quitté notre pays, même volontairement, est destiné tôt ou tard à le regretter.

III

LA MARGUERITE DE ZAPATERO

Deux hamacs avaient été mis à la disposition des ingénieurs, qui s'y reposèrent jusqu'au jour. — Au matin, dans ce doux moment où l'on côtoie les confins du sommeil, sans être positivement éveillé, les jeunes gens entendirent une voix sonore et jeune chanter une cantate espagnole.

— Sir William, ce chant délicieux nous annonce que la hacienda n'a pas pour habitantes que des négresses?

— Hippolyte, je vous jure avoir entendu à Cape-Town une Hottentote qui chantait aussi bien que la Malibran!

On frappa à la porte, et le nègre José vint prier les étrangers de descendre pour prendre une collation.

Les deux ingénieurs trouvèrent leur hôte assis à côté d'une jeune fille au teint mat, aux yeux pleins de feu, bordés d'une frange de cils noirs, aux cheveux légèrement ondulés, et à la physionomie expressive, mais rappelant un peu le type africain.

— Messieurs, dit avec bonhomie M. de Falconnier, je vous présente ma fille, Mlle Marguerite, la reine de notre ferme et l'idole des habitants de Zapatero.

Un sourire glissa sur les lèvres de la brillante jeune fille.

La conversation, froide et guindée à son début, fut bientôt fort animée ; — en Amérique les jeunes filles causent avec autant d'aisance que des hommes faits. Aux yeux de beaucoup de Français, cet usage les déprécie singulièrement ; selon d'autres, cette liberté leur sied à ravir et les rend souvent fort sémillantes ; quant aux Américains, ils ne se donnent pas la peine d'examiner le pour et le contre, et laissent agir la nature.

Marguerite prit part aux discussions avec un aimable enjouement ; à la fin du repas, on forma des *aparté :* sir William engagea avec M. de Falconnier une longue dissertation sur les divinités de pierre qui devaient être enfouies à Zapatero, pendant que M. de Rivesaltes, en sa qualité de Français, s'était déjà laissé séduire par les attraits de la belle créole.

— Monsieur, lui dit Marguerite avec naïveté, n'avez-vous jamais songé à vous établir en Amérique?

Pour un homme habitué aux conversations des salons parisiens, où le grand art est de savoir décocher une galanterie à propos, la voie était facile et le chemin ouvert : M. de Rivesaltes pouvait répondre par une fadeur, qui aurait été très-probablement accueillie par mademoiselle de Falconnier comme un trait de beaucoup d'esprit; mais, soit qu'il dédaignât de tomber dans un lieu commun, soit qu'il méditât une autre pensée, il repartit avec un ton dégagé :

— Mademoiselle, je vous avouerai que, jusqu'à présent, l'Amérique m'a toujours paru la fille cadette de l'Europe, demoiselle assez mal élevée, d'une enfance plus que négligée, songeant plus à faire fortune qu'à perfectionner ses talents, et n'ayant de l'imagination que pour sauvegarder ses intérêts.

— Et maintenant, avez-vous un peu changé d'opinion ?

— Sans doute; autrefois, j'aimais assez cet enfant gâté, mais aujourd'hui je ne peux plus le souffrir.

— Et vous embrassez probablement dans votre haine jusqu'aux habitants de l'Amérique centrale ?

— Assurément, ce sont pour la plupart des Espagnols dégradés, qui ne voient dans la vie que le sommeil, ou des Yankees, qui ne connaissent pour toutes lois que le révolver.

— Alors, reprit timidement Marguerite, vous abandonnerez, je présume, avec beaucoup de plaisir notre pays.

— En vérité !... Car j'espère bien que vous le quitterez avec nous...

— Comment cela, monsieur ? répliqua vivement Marguerite.

— Mademoiselle, taisons-nous, ou plutôt parlons bas, c'est un projet auquel je vous associe ! ajouta de Rivesaltes en baissant la voix.

Dès qu'il y a confidence entre deux personnes, elles ne sont pas loin de s'aimer.

— Soyez mon complice, reprit Hippolyte ; — votre père ne demande qu'à fuir cet affreux pays, devenu inhabitable depuis la présence de Walker et de sa horde.

Marguerite parut légèrement troublée ; Hippolyte crut voir dans l'altération passagère des traits de la jeune créole un mouvement de crainte au terrible nom de Walker, qu'il se reprocha d'avoir imprudemment jeté dans la conversation ; il n'en continua que plus chaudement son plaidoyer en faveur du départ... il fit valoir le ciel de France, le dépeignit toujours sans nuages, parla d'été sans canicule et d'hiver sans frimas, insista sur les plaisirs de la capitale, toucha adroitement la question de l'élégance de Paris, enfin termina sa pompeuse description par un bal à la Cour, qu'il représenta avec des couleurs féeriques.

La jolie créole aimait déjà la France, et, peut-être sans qu'elle s'en doutât, celui qui la lui faisait aimer. — Hippolyte avait été fort aimable, et, par suite, il avait trouvé Mlle de Falconnier très-spirituelle.

Le repas terminé, une promenade à la recherche des monolithes fut proposée et acceptée avec empressement par sir William : durant le trajet, les deux voyageurs s'entretinrent pendant quelques instants.

— Eh bien !.. Hippolyte, vous la vouliez blonde, vous la trouvez brune, et vous devenez enthousiaste comme un Marseillais ?

— Mon cher sir William, mademoiselle Marguerite fera la plus charmante des compagnes.

— Épousez-la, et qu'il n'en soit plus question.

— Sir William, vous traitez le mariage comme un marché.

— C'est depuis que j'ai vécu en France, répondit malicieusement l'Anglais.

Les deux jeunes gens revinrent enchantés de leur promenade. Sir William avait découvert une pierre figurant une tête énorme et disproportionnée, ouvrant de grands yeux ronds, et ressemblant moins à une divinité qu'à un diable. — Hippolyte s'était entretenu avec Marguerite, et l'excursion à travers les broussailles lui avait paru charmante.

La soirée fut courte, parce que l'on causa beaucoup. Quoique Marguerite parût peu goûter l'odyssée du général Walker, M. de Falconnier n'en mit pas moins en scène le célèbre aventurier ; il le dépeignit comme une intelligence hors ligne, mais d'un caractère opiniâtre, audacieux, capable des entreprises les plus téméraires, se souciant moins de la vie d'un homme que de la plus légère contrariété ; il ajouta qu'il avait appris la médecine à Paris et le droit en Amérique, et que ces deux études avaient bien pu concourir, l'une à lui faire peu estimer la vie, même chez son prochain, et l'autre à lui donner la pensée de créer de nouvelles lois.

— Un jour, il y a déjà plus de six années, continua M. de Falconnier, me trouvant à Léon, j'entrai, par un hasard fortuit, dans une taverne où étaient installés autour d'une table trois personnages qui frappèrent tout d'abord mon attention : l'un était grand, vigoureux, son regard martial annonçait des mœurs plus belliqueuses que pacifiques, et les deux révolvers attachés à sa ceinture contribuèrent à me le faire considérer comme un personnage d'humeur peu conciliante ; — le second était le pendant du premier : d'épaisses moustaches ombrageaient la moitié de son visage ; à sa ceinture brillaient deux lames que n'aurait pas désavouées la fabrique de Birmingham ; en somme, c'était un fort bel homme, qui aurait pu poser pour un matador ; — le troisième se tenait courbé sur la table et lisait un papier que venait de lui présenter un de ces deux bravaches ; son air était réservé, ses manières presque embarrassées ; sa figure, peu caractéristique, ne révélait rien ; des lunettes voilaient des yeux bleu gris un peu à fleur de tête, et qui paraissaient plutôt timides qu'assurés. Sa tournure était celle d'un scribe fort entendu et fort doux. Cet homme, c'était le général Walker, travaillant à sa manière pour le bonheur du Nicaragua. Le lendemain, j'entendis une fusillade bien nourrie, dans un territoire voisin de Léon, et j'appris que le général avait fait mettre à mort trois de ses bandits, coupables d'avoir trouvé le régime un peu dur et la paye trop irrégulière ; j'avais assisté très-probablement, la veille, à leur arrêt de mort. Le général Walker est un homme froidement déterminé : il semble écouter avec patience les avis qu'on se permet quelquefois de lui soumettre, mais il discute rarement, et n'obéit qu'à ses propres résolutions.

Vers dix heures, M. de Falconnier cessa de parler ; sir William et Hippolyte se retirèrent : le nègre José les conduisit dans la chambre, et leur dit adieu avec son sourire habituel.

Les deux jeunes gens repassèrent ensemble les événements de la journée, et, tout en jetant au vent de légères bouffées de tabac, songeaient sans doute, l'un à des découvertes archéologiques, l'autre à la Marguerite du Zapatero. Les nuits des pays chauds ont quelque chose de féerique : ce calme imposant, troublé seulement par le cri perçant de quelques oiseaux, par le bourdonnement de milliers d'insectes, par le vol des papillons, cette chaleur du jour, tempérée par la fraîcheur des ténèbres, ces suaves parfums qu'exhalent les plantes tropicales si pleines de sève et de vigueur, toute cette nature en repos, ensevelie comme dans un rêve éthéré, invite à de douces méditations. Hippolyte, couché sur son hamac, les yeux à demi-fermés, lançait son imagination dans l'avenir, et voyageait avec bonheur dans le domaine de l'inconnu ; sir William, les bras accoudés sur le barreau de la fenêtre, promenait sa vue sur l'immensité du ciel et sur la ligne empourprée que le soleil à son couchant avait tracée à l'horizon ; il paraissait, depuis quelques instants, attacher son coup d'œil vers un seul point, vouloir percer les ténèbres, et trouver derrière leurs voiles l'objet ou l'être qu'il cherchait.

— Hippolyte, dit-il enfin, avec un accent légèrement altéré, il se passe quelque chose d'irrégulier dans les environs !

— Vous me terrifiez, sir William, vous en général si rassuré !

— Il faut être sur nos gardes ! Voyez, ajouta William, en montrant, à une assez grande distance, plusieurs points lumineux qui semblaient lentement se rapprocher de la hacienda, ces lueurs sont des torches que ne peuvent porter que des flibustiers de Walker... Avant une heure, ils seront ici... La hacienda tombera entre leurs mains, et notre résistance sera vaine ; il s'agit ici de la vie, et peut-être de l'honneur de Mlle de Falconnier...

— Sir William, nous saurons maîtriser ces bandits... préparons nos armes...

— Mon cher Hippolyte, vous parlez en brave, mais en insensé... Partout la force fait loi, les flibustiers vous tueront, si vous leur résistez. — Il faut fuir ; — je m'engage à accompagner Mlle de Falconnier ; vous serez libre d'échanger ensuite quelques balles avec l'ennemi.

Sir William prit un pistolet, examina l'amorce, tendit le bras hors de la croisée, et, sans prononcer la moindre parole, déchargea l'arme en l'air.

— Dans deux minutes, dit-il ensuite avec le plus grand calme, le hacienda sera sur pied, dans un quart d'heure nous serons partis, et, s'il plaît à Dieu, dans deux heures, nous aurons rejoint l'embarcation de Miguel. Demain matin, nous serons à Rivas.

— Sir William, je vous admire !

Comme l'avait prédit l'Anglais, la détonation réveilla tous les habitants de la ferme. — Nous renonçons à peindre le tumulte que répandit dans cette malheureuse demeure la nouvelle de l'arrivée soudaine de la horde de Walker. — Les nègres et les négresses couraient en tout sens, entassaient dans des sacs ce qu'ils avaient de plus précieux, et s'enfuyaient du côté de la forêt. Quoique préparés depuis longtemps au malheur qui les frappait, M. et Mlle de Falconnier ne quittèrent pas la hacienda sans un profond abattement ; Marguerite embrassait d'un long regard ces riants domaines où elle avait vécu si heureuse, et lorsqu'il fallut, sous la conduite de José, entrer dans l'épais fourré, elle ne put retenir ses sanglots.

IV

LE CALME APRÈS LA TEMPÊTE

Le mois suivant, les passagers de la *Granada*, paquebot américain qui se dirigeait vers l'orient, c'est-à-dire vers l'Europe, se groupaient, dans un salon du vaisseau, autour d'une élégante jeune fille dont la voix limpide et mélodieuse se mêlait aux notes d'un piano, que touchait avec une fébrile ardeur un jeune homme brun, au regard empreint d'un ineffable bonheur.

Un gentleman blond, aux favoris soyeux, était étendu sur un divan, et, tout en aspirant avec insouciance la fumée du Maryland, causait avec un voyageur d'un âge mûr, au teint hâlé et à la physionomie expressive; la satisfaction était peinte sur tous les visages; le jour suivant, la vigie devait signaler les côtes de France.

Nos lecteurs ont sans doute reconnu, dans la jeune musicienne, la Marguerite de Zapatero; dans le brillant cavalier qui l'accompagnait, Hippolyte de Rivesaltes, et dans les deux autres personnages, sir William et M. de Falconnier.

L'agression des flibustiers avait promptement décidé M. de Falconnier à quitter le Nicaragua, et, quelques jours après la fuite à travers la forêt, lorsqu'Hippolyte proposait le départ, on lui répondit que deux places étaient retenues sur le premier paquebot en partance pour l'Europe.

Sir William, en disant adieu à l'Amérique centrale, emporta deux superbes monolithes, qui servirent de lest au bâtiment, et projeta, en mettant le pied sur le navire, un vingt-deuxième percement interocéanique. — Hippolyte de Rivesaltes, pour l'honneur de la France, fit une étude consciencieuse de l'isthme de Nicaragua, et se résuma dans un unique projet, celui d'un canal entre la baie de Salinas et le lac de Nicaragua, par la rivière Sapoa ; il négligea, il faut l'avouer, les sciences naturelles, et ses collections ne feront jamais mourir personne de jalousie. Lorsque sir William lui reprocha de ne pas avoir rapporté en Europe des souvenirs de son séjour en Amérique, Hippolyte lui montra Mlle de Falconnier, sa fiancée, et lui dit :

— Mon cher sir William, j'emmène la perle du Nicaragua !

TABLE DES MATIÈRES

Aventures d'un artiste dans le Liban

	Pages
I. Préface en traversée....................................	1
II. Mes compagnons de voyage........................	4
III. Les Pirates grecs.....................................	11
IV. La rade de Beyrouth.................................	17
V. Beyrouth. — Le premier Druse..................	21
VI. Une soirée chez un consul allemand. — Le pauvre Nagif..	28
VII. Druses et Maronites. — Le Massacre...........	38
VIII. Les massacres du Liban.— Mme Bischarra Sousa...	51
IX. La philosophie de M. Cahlben. — Histoire du Zahléen..	60
X. Départ pour la montagne. — Une alerte.........	68
XI. Histoire du vieil Ibrahim...........................	80

	Pages
XII. L'attaque..	88
XIII. Le portrait.	95
XIV. Un repas musulman ou comme on n'en voit guère.	99
XV. Aventures et mésaventures d'Amrou Gil-Blas	105
XVI. Préparatifs de départ pour la montagne. — L'adresse de John Speck	114
XVII. Excursions dans la montagne. — Un inconnu bientôt connu	117
XVIII. Une jeune Miss	136
XIX. Sort infortuné de Mauriac	146
XX. Un étrange bourreau	152
XXI. Pauvre Chrysostôme !	161
XXII. L'Émir Abd-el-Kader	173
XXIII. Une étrange reconnaissance. — L'Émir	196
XXIV. Lady R***. — Angoisses	211
XXV. Le triomphe de la ruse	220
XXVI. Jongleries	233
XXVII. Vive la France !	243
XXVIII. Mes amis de Beyrouth. — Un baptême	249
XXIX. Madame Cahlben	254
XXX. Passé et présent	262

La ferme du Nicaragua

	Pages
I. Les ingénieurs à Nicaragua	269
II. Une nuit d'aventures	282
III. La Marguerite de Zapatero	280
IV. Le calme après la tempête	299

FIN DE LA TABLE

www.ingramcontent.com/pod-product-compliance
Lightning Source LLC
Chambersburg PA
CBHW071518160426
43196CB00010B/1569